中华文化风采录

传统建筑艺术

辉煌的故宫

柳敏夏 编著

北方妇女儿童出版社
·长春·

图书在版编目(CIP)数据

辉煌的故宫 / 柳敏夏编著. —长春 ： 北方妇女
儿童出版社，2017.1（2022.8重印）
　（传统建筑艺术）
　ISBN 978-7-5585-0653-6

　Ⅰ．①辉… Ⅱ．①柳… Ⅲ．①故宫－介绍 Ⅳ.
①K928.74

中国版本图书馆CIP数据核字(2016)第306354号

辉煌的故宫

HUIHUANG DE GUGONG

出 版 人	师晓晖	
责任编辑	吴　桐	
开　　本	700mm×1000mm　1/16	
印　　张	6	
字　　数	85千字	
版　　次	2017年1月第1版	
印　　次	2022年8月第3次印刷	
印　　刷	永清县晔盛亚胶印有限公司	
出　　版	北方妇女儿童出版社	
发　　行	北方妇女儿童出版社	
地　　址	长春市福祉大路5788号	
电　　话	总编办：0431-81629600	

定　　价　　36.00元

习近平总书记说："提高国家文化软实力，要努力展示中华文化独特魅力。在5000多年文明发展进程中，中华民族创造了博大精深的灿烂文化，要使中华民族最基本的文化基因与当代文化相适应、与现代社会相协调，以人们喜闻乐见、具有广泛参与性的方式推广开来，把跨越时空、超越国度、富有永恒魅力、具有当代价值的文化精神弘扬起来，把继承传统优秀文化又弘扬时代精神、立足本国又面向世界的当代中国文化创新成果传播出去。"

为此，党和政府十分重视优秀的先进的文化建设，特别是随着经济的腾飞，提出了中华文化伟大复兴的号召。当然，要实现中华文化伟大复兴，首先要站在传统文化前沿，薪火相传，一脉相承，弘扬和发展5000多年来优秀的、光明的、先进的、科学的、文明的和自豪的文化，融合古今中外一切文化精华，构建具有中国特色的现代民族文化，向世界和未来展示中华民族具有独特魅力的文化风采。

中华文化就是中华民族及其祖先所创造的、为中华民族世世代代所继承发展的、具有鲜明民族特色而内涵博大精深的优良传统文化，历史十分悠久，流传非常广泛，在世界上拥有巨大的影响力，是世界上唯一绵延不绝而从没中断的古老文化，并始终充满了生机与活力。

浩浩历史长河，熊熊文明薪火，中华文化源远流长，滚滚黄河、滔滔长江是最直接的源头，这两大文化浪涛经过千百年冲刷洗礼和不断交流、融合以及沉淀，最终形成了求同存异、兼收并蓄的辉煌灿烂的中华文明。

中华文化曾是东方文化的摇篮，也是推动整个世界始终发展的动力。早在500年前，中华文化催生了欧洲文艺复兴运动和地理大发现。在200年前，中华文化推动了欧洲启蒙运动和现代思想。中国四大发明先后传到西方，对于促进西方工业社会形成和发展曾起到了重要作用。中国文化最具博大性和包容性，所以世界各国都已经掀起中国文化热。

中华文化的力量，已经深深熔铸到我们的生命力、创造力和凝聚力中，是我们民族的基因。中华民族的精神，也已深深根植于绵延数千年的优秀文化传统之中，是我们的精神家园。但是，当我们为中华文化而自豪时，也要正视其在近代衰微的历史。相对于5000年的灿烂文化来说，这仅仅是短暂的低潮，是喷薄前的力量积聚。

中国文化博大精深，是中华各族人民5000多年来创造、传承下来的物质文明和精神文明的总和，其内容包罗万象，浩若星汉，具有很强的文化纵深感，蕴含丰富的宝藏。传承和弘扬优秀民族文化传统，保护民族文化遗产，已经受到社会各界重视。这不但对中华民族复兴大业具有深远意义，而且对人类文化多样性保护也有重要贡献。

特别是我国经过伟大的改革开放，已经开始崛起与复兴。但文化是立国之根，大国崛起最终体现在文化的繁荣发展上。特别是当今我国走大国和平崛起之路的过程，必然也是我国文化实现伟大复兴的过程。随着中国文化的软实力增强，能够有力加快我们融入世界的步伐，推动我们为人类进步做出更大贡献。

为此，在有关部门和专家指导下，我们搜集、整理了大量古今资料和最新研究成果，特别编撰了本套图书。主要包括传统建筑艺术、千秋圣殿奇观、历来古景风采、古老历史遗产、昔日瑰宝工艺、绝美自然风景、丰富民俗文化、美好生活品质、国粹书画魅力、浩瀚经典宝库等，充分显示了中华民族厚重的文化底蕴和强大的民族凝聚力，具有极强的系统性、广博性和规模性。

本套图书全景展现，包罗万象；故事讲述，语言通俗；图文并茂，形象直观；古风古雅，格调温馨，具有很强的可读性、欣赏性和知识性，能够让广大读者全面触摸和感受中国文化的内涵与魅力，增强民族自尊心和文化自豪感，并能很好地继承和弘扬中国文化，创造未来中国特色的先进民族文化，引领中华民族走向伟大复兴，在未来世界的舞台上，在中华复兴的绚丽之梦里，展现出龙飞凤舞的独特魅力。

世界第一宫殿——南京故宫

古代建筑杰作——北京故宫

满汉艺术杰作——沈阳故宫

南京故宫

南京故宫，又称明故宫、南京明皇宫、南京紫禁城，它是北京故宫的蓝本，是由明朝开国皇帝朱元璋建立的皇宫。

南京故宫在今南京市中山东路南北两侧，占地面积超过100万平方米。始建于1366年，地址在元集庆城外东北郊，初称"吴王新宫"，后改称"皇城"。

南京故宫因为建筑规模宏大，所以被称为"中世纪世界上最大的宫殿"，有"世界第一宫殿"的美誉。

朱元璋南京城选址建皇宫

1368年，农民皇帝朱元璋终于迎来了属于自己事业的春天。这一年他获得了一个梦寐以求的职位，这个职位就是代表着天意的皇帝。

农民出身，让朱元璋在思想意识上难有很大的提高，即使他当上了皇帝也不例外。他当上皇帝的第一件事就是盖房子。这个房子可不是一般的房子，那是皇上住的地方，所以一定要大，一定要讲排场。

朱元璋决定，一定要盖一所超级豪华的大皇宫。

刚开始，朱元璋的想法还是

■ 朱元璋（1328年～1398年），我国明代开国皇帝。他是继汉高祖刘邦以来第二位平民出身的君主，1368年至1398年在位，史称明太祖，其统治时期被称为"洪武之治"。1398年，朱元璋驾崩于应天皇宫，葬于明孝陵。

很大胆的，他想以应天府为南都城，开封府为北都城，计划于1369年在自己的老家安徽凤阳兴建中都城。

因为人力物力全被集中于中都城池和宫殿的兴建，因此，南京宫殿的修建工作一度终止。此后数年间只对已有宫殿进行了必要的维修。

估计是财政上吃紧，或者是他觉得老家并不是适合建立中都的风水宝地。所以，在一系列的实践过后，朱元璋终于决定放弃中都的修建，他集中全部精力修建自己的南京皇城。

1375年，朱元璋放弃营建中都的计划，集中力量修建南京。现在安徽凤阳还有明中都的许多遗址，著名的有凤阳鼓楼。

朱元璋刚当皇帝的时候，明朝还处于经济恢复时期，对于都城建设，朱元璋多次强调节俭的方针，在改建南京宫殿时曾对大臣说："我盖的皇宫不求奢华，需要实用。因为国家现在百废待兴，各个方面都得用钱，我不能开这个浪费的头儿。"

明初建筑风格也确实如朱元璋要求的一样比较质朴，注重实用性。其他地方建筑受制度约束更严，谁也不敢超过南京皇宫的等级。

朱元璋本人非常相信风水和龙脉这一说法，于是

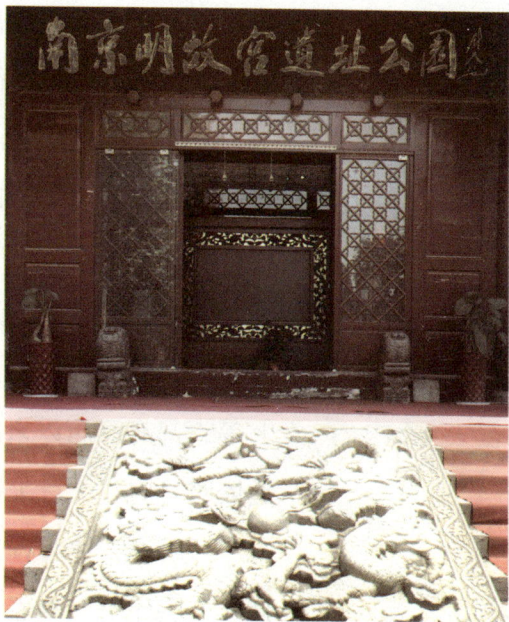

■ 南京明故宫遗址公园

凤阳鼓楼 位于安徽省滁州市凤阳县府城镇花铺廊街鼓楼广场，是中都城重要的附属建筑，鼓楼由台基和楼宇两部分组成。是我国最大的鼓楼台基。基上楼宇初建之时，鼓楼一直以其高大雄伟为国内之最。台基正中间开3个门洞，中门略大，中上有朱元璋亲书的"万世根本"4个楷书大字。

天人合一 在我国思想史上，"天人合一"是一个基本的信念。天，就是大自然；人，就是人类；天人合一，就是互相理解，结成友谊。天人合一是我国古代的一种政治哲学思想。

在建造这所宫殿的时候，他也是绞尽脑汁，请了很多术士高人协助，他期待把皇宫建造得"天人合一"。

朱元璋在建都之前，曾派专门官员到长安、洛阳和开封等地，对唐宋以来的宫殿和都城建设进行了考察，以资参考。

因此，南京皇宫无论在布局、坛庙规格、宫门坐落和殿堂结构，以及前朝和大门、宫苑的名称和制度上等，都有汉唐以来的依据可循，但在规划原则上则是依照《周礼·考工记》和前朝后寝、左祖右社而制。

可以说，作为古代建筑艺术的皇宫，作为封建社会"上层建筑"的表现形式之一，至明代已经发展到集前朝之大成的地步了。

朱元璋手下有一位鼎鼎大名的军师，叫作刘伯温。在朱元璋没有当皇帝之前，他就认定朱元璋有帝王之相，非得要辅佐朱元璋成就大业。朱元璋果然如刘伯温所说，成了大明朝的开国之君。

因此，朱元璋对刘伯温言听计从，简直对他有点崇拜了。所以在给自己皇宫选址的时候，他非要让刘伯温来亲自做这件事。

因为在朱元璋看来，刘

■ 南京明故宫遗址

■ 刘伯温（1311年～1375年），即刘基，字伯温，今属浙江省文成县人。他是元末明初杰出的军事家、政治家及文学家，通经史、晓天文、精兵法。他辅佐朱元璋开创明朝并尽力保持国家的安定，因而驰名天下，被后人比作诸葛武侯。在文学史上，刘基与宋濂、高启并称"明初诗文三大家"。

伯温的玄学造诣早就登峰造极了，由他来选择合适的地址建造皇宫，应该可保大明江山千秋万代不倒。

不过朱元璋生性多疑，在跟刘伯温接触的多年里，他对刘伯温的忠诚度依然存有怀疑。所以他在选址的时候，还是请来了刘伯温的师傅黄楚望和张铁冠道人，以及一些没什么名气的风水师。

为了防止作弊，他不让这些人互相商量，每个人把修建皇宫的地址写在纸条上给他看。

说来也奇怪，这些人选址的答案却非常惊人，都是出奇的一致，他们都决定在南京城东边的一角来建立皇宫。

朱元璋把宫城建立于城东的钟山南侧，北倚钟山的"龙头"

■ 朱元璋与刘伯温蜡像

南唐 五代十国时的十国之一，定都金陵，历时39年，有先主李昇、中主李璟和后主李煜3位帝王。南唐为我国南方经济开发做出了重大贡献。南唐也因此成为我国历史上重要的政权之一。

皇城 通常指东方国家都城建筑中，位于都城与皇帝、皇族所居的宫城之间的区域，由城墙围绕，具有独立的城门。皇城内通常布置宗庙、官衙、内廷服务机构、仓库和防卫等建筑，以及园林等。

■ 朱元璋与大臣同议国事蜡像

富贵山，并以此作为镇守皇宫安宁的靠山。他放弃了平坦的中心地带，也就是放弃了对原南唐宫殿旧址的利用，而采用填湖造宫的办法来建设南京皇宫。

究其原因，除了忌讳原来建立宫殿的王朝短命之外，还有一点是那里地方狭窄，不符合新王朝的要求，而且旧城居民居住密集，又有诸多功臣的府第，大量拆迁也得花一大笔安置补偿金。

加上南京地属丘陵地带，平地非常难找，所以选择依山而建，能让皇宫创造出气势宏伟的效果。

这种选址，在金陵是有历史先例可遵循的，六朝宫城便是选择在鸡笼山和覆舟山下的一片高河漫滩上，东濒青溪，西达五台，鸡笼山和覆舟山就像天然屏风一样挡在宫城之后。

明朝南京宫城则以富贵山作为依托，并巧用原来的东渠作为皇城西城隍，将午门以北的内五龙桥、承天门以南的外五龙桥和宫城城濠与南京城水系相互连通，取得人工和自然相互辉映的效果。

不过这种选址是违背我国民间风水学中"择中立宫"的基本准则的。另外，在南京城东面建立皇宫，最大的问题是这里有一片湖水，如果填湖建宫，那更是费时费力。

■ 朱元璋查看正在建设中的故宫蜡像

另外，即使湖水被填平，也会导致地基不稳，甚至下陷。这样，皇宫就会前高后低，这在风水学上是大忌。这也就预示着朱元璋的后世子孙不会有人再超过他了。

■ 朱元璋石像

不过这些问题，朱元璋当时都没考虑到。等他醒过神儿的时候，皇宫已经修建好了。朱元璋心里

很难受，总想迁都，可是一直没完成。

以至于到了朱元璋65岁时他突然说：

朕经营天下数十年，事事按古有序。唯宫城前昂后洼，形势不称。本欲迁都，今朕年老，精力已倦。又天下新定，不欲劳民。且废兴有数，只得听天。唯愿鉴朕此心，福其子孙。

当时的朱元璋已经意识到，王朝的兴衰成败自有天命，他只求老天能念他的一片赤诚之心，造福他的子孙后代。

阅读链接

传说当年朱元璋修建南京皇宫的时候，是填埋南京中山门外北侧的燕雀湖，并以此为地基的。朱元璋为了占据"龙头"并沾上龙气，于是下令调集几十万民工，开始填湖建宫。可是当时的燕雀湖和后来的玄武湖差不多大，而且地势低洼，填湖填了好久都未能填满，那怎么办呢？

当时，传言江宁有个老汉叫田德满。朱元璋听说有人叫"填得满"，就派人去找这个人。老汉被找来以后，开始被当作神一样，还煞有介事地举行了一些祭祀仪式。而后朱元璋将田德满封为"湖神"，等一切妥当之后，才把他绑了起来，扔到湖里去了。

据说不久燕雀湖还真的被填满了。所以，老南京有一种说法叫作"湖神田德满"。

南京明故宫建筑

皇城之内尽显帝王神圣

朱元璋指令下面的人设计南京皇宫的时候，就一个指导思想，那就是一定要庄严神圣。

朱元璋本人是从社会最底层挣脱出来的，他总是希望自己能显得高贵一些，神圣一些。于是，他打着神圣的幌子，自然能让下面的人从内心里对自己俯首帖耳。

朱元璋手下的工匠们不敢怠慢，日夜操劳，终于满足了朱元璋的要求。

皇城，是护卫宫城最近的一道城垣，环绕宫城等距而建。永乐年间拓皇城西垣，致使西华门至西安门的距离要比东华门至东安门的距离长一倍左右，平面呈倒"凸"字

南京故宫遗址

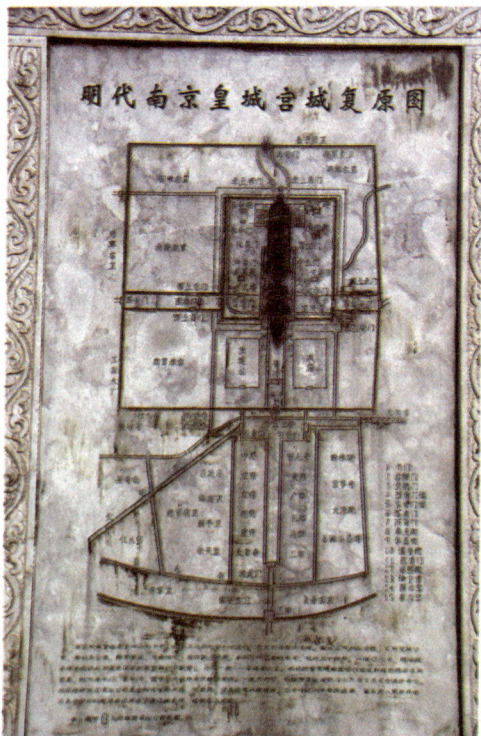

■ 南京故宫遗址复原图

风水 本为相地之术。相传风水的创始人是九天玄女，比较完善的风水学起源于战国时代。风水的核心思想是人与大自然的和谐，早期的风水主要关乎宫殿、住宅、村落、墓地的选址、坐向、建设等方法及原则，原意是选择合适的地方的一门学问。

形。皇城与宫城以及所囊括的建筑，合称为"皇宫"。

整个明代皇城区，位于南京城的东部，是以皇城与宫城为主体，这一系列建筑的主旨以突出皇权"神圣"为内容，是明初南京城的核心所在。

宫城又称大内、内宫，俗称紫禁城、紫垣，是朱元璋起居、办理朝政、接受中外使臣朝见以及皇室成员居住之地，位于南京4个城垣最里边的一个，有御河环绕。

宫城是在1366年由精通风水之术的刘伯温占卜后填湖而建，因而地势南高北低。宫城坐北朝南，平面图形似长方形，宫墙主体南北长约950米，东西宽约750米，周长约3.4千米。

在宫城墙体之上，最早开有4座城门，1382年改建有6座城门。

南面正门为午门，午门左右两侧为左掖门和右掖门，西门为西华门，东门为东华门，北门为玄武门。

玄武门，俗称"厚载门"，取自《易经》坤卦："地势坤，君子以厚德载物。"

午门前，是传达圣旨及朝廷发布公告的地方，也是皇帝处罚大臣的"廷杖"之地。

《明史·刑法志》曾被著名史学家全祖望赞许为

"淋漓痛切，以为后王殷鉴"，其中主要说的就是廷杖和厂卫这两项明朝独有的制度。

《刑法志》认为，廷杖是明朝的发明：

刑法有创之自明，不衷古制者，廷杖、东西厂、锦衣卫、镇抚司狱是已。是数者，杀人至惨，而不丽于法。踵而行之，至末造而极。举朝野命，一听之武夫、宦竖之手，良可叹也。

明史专家吴晗说：

廷杖始于元代，元代中书省长官也有在殿廷被杖的记载。朱元璋较元代实行得更普遍、更厉害，无论多大的官员，只要皇帝一不高兴，立刻就把他拖下去痛打一顿。

紫垣 也叫紫微宫，简称紫宫，紫垣原来是指天上的紫微星，后来传说中天帝的宫殿在紫微星内。再后来，皇帝居住的地方也称之为紫垣，紫禁城的名字也是由此而来。

左掖门 掖，是架着胳膊、扶持的意思。左掖门是指皇宫大门旁边靠左侧的小门。因为不是所有的人都能从大门进出，所以在大门边上设置小门，是出于封建社会礼法的需要。

■ 南京明故宫东华门遗址

明故宫遗址

朱允炆 是明朝第二位皇帝，年号"建文"，建文帝即位以后，对他的几位儒家师傅言听计从，发起了一些政治上和制度上的改革，对政府内部的权力进行重新分配，也使他自己能实施他的新政策。看来其意图是大大背离了太祖高皇帝所做的安排，这让他的四叔朱棣找到了造反的借口。在朱棣的大军逼近南京的时候，朱允炆下落不明。

最初，执行廷杖的例子并不多。皇帝的本意，也许不过是借此树立威风、叫臣下老实听话罢了。但是由于有了以上的好处，廷杖执行者就更有热情使之"制度化"了。

从午门进入，有宫墙环绕，在午门内的神道尽头，有一座直通陵宫的桥梁，呈一字排列，共5座，又称"五龙桥"。

五龙桥与陵宫处于同一南北中轴线上，桥身做石构单曲拱桥样式。现在仅存中间3座，桥身起券，两侧有散水螭首和护栏望柱。

过了五龙桥，便是奉天门。奉天门左有东角门，右有西角门，门上都有楼阁。

据说当年皇太孙朱允炆被朱元璋立为皇储后，他的几个叔叔不服，皇太孙朱允炆曾与太常寺卿黄子澄在东角门上商讨过对策。

东角门的南边有左顺门，可通文华门入宫城左路到文华殿，也可通东华门；西角门的南边有右顺门，可通武英门入宫城右路到武英殿，也可通西华门。

在宫城的城门中，目前午门的墙体部分遗留下来，只是门上的五凤楼早已损毁灭失，仅留下石柱础；东华门基本保存完整，西华门已毁。

过奉天门就是皇宫最重要的三大殿建筑。奉天殿是三大殿的主体，上面覆盖琉璃金瓦，双檐重脊，雕梁画栋，朱漆描金雕花的门窗，在阳光下发出耀眼的光芒，这就是人们通常所说的"金銮宝殿"。

它是朱元璋举行重大典礼和接受文武百官朝贺的地方。朱元璋励精图治，是彻头彻尾的工作狂，与历代皇帝不同的是，他在早朝之外还有午朝和晚朝，规定下属各部有185种事件必须当面请示皇帝。

奉天殿旁左边的房子朝向西边的称"文楼"，右边的房子朝向东边的称为"武楼"。

奉天殿的后面是华盖殿，它像一座亭子，四面出檐，渗金圆顶，殿顶上还缀有硕大的金球一颗。

殿旁东有中左门，西有中右门。每逢春节、冬至

■ 南京明故宫遗址

早朝 据大明会典记载：早朝时，凌晨3时，大臣到达午门外等候。当午门城楼上的鼓擞响时，大臣就要排好队伍，到凌晨5时左右钟声响起，宫门开启。早朝时，只有四品以上的官员才有机会与皇上对话，大臣向皇帝报告政务，皇帝则提出问题或者做出答复。

■ 南京明故宫建筑

南京明故宫奉天殿

和朱元璋的生日，朱元璋都要在这里先行接受内阁大臣和宫廷执事人员的参拜，然后才去奉天殿接受百官的朝贺。

再向后去就是谨身殿，其规模仅次于金銮殿，也是一座双重飞檐的大殿。以奉天、华盖、谨身这三座宏伟的建筑为主，构成了宫城办公区的主体部分。

辉煌的故宫

阅读链接

南京皇宫的三大殿到新中国成立前就已不复存在，现在的三大殿遗址台基位于中山东路南大门内。

这些台基用斩假石砌成，各台基均高1.05米，它们虽在原址，但规模比原样小，属示意性物体。

其中，奉天殿长64米，宽37米，面积2368平方米；华盖殿长25米，宽25米，面积625平方米；谨身殿长47米，宽26.5米，面积1245.5平方米。

三大殿上共摆放明皇宫石柱础44个，虽均系从遗址发掘出，因无法考证各石柱础原系何殿、何宫、何楼之物，故摆放位置非原位。三大殿四周配植黄杨绿篱三圈，示意为须弥座台阶，外围为草坪。

朝廷机构和祭祀场所的兴建

皇城城垣上的7座城门是后来才修建的。皇城的正南门是洪武门，位于京城正阳门内北面。进洪武门后，为南北向的千步廊，两边建有连续的廊屋，由南而北，到承天门前的横街分别转向东西而成为曲尺形。千步廊后面两侧为"五府六部"朝廷官署的所在地。

朝廷一级的官署，基本安置于皇城洪武门内千步廊的两侧。从南向北来看，千步廊东侧为工部、兵部、礼部、户部、吏部、宗人府，千步廊西侧为太常寺、后军都督府、前军都督府、右军都督府、左军都督府、中军都督府，基本是按照文左武右的格局。

《洪武京城图志·序》记载："六卿居左，经纬以文；五府处西，镇静以

明代南京皇城宫城复原图

武。"说的就是这种布局。

在千步廊后面，东侧置有东城兵马司、太医院、詹事府、翰林院；西侧置有钦天监、旗手卫、锦衣卫、通政司。

朱元璋自1368年从"旧内"迁入"新宫"后，原来居住的元御史大夫宅成为应天府署的所在地。当时的南京城一分为二，由江宁县和上元县分管。

江宁县署设在京城聚宝门内镇淮桥西北，上元县署设在城中中正街以西。其他相当数量的朝廷及地方官署散布于南京城的各个地方。

值得一提的是钦天监，钦天监相当于现在的天文台，在明代南京国子监北面的鸡笼山上，设有明代的"观象台"，由"钦天监"管理，又名"钦天台"，所以鸡笼山在明代也叫"钦天山"。

1385年，朱元璋将观象台扩建为国家天文台，比世界闻名的英国格林尼治天文台还要早290年。明代天文观测仪器浑仪、简仪和圭表，现存于紫金山天文台。

在朝廷官署六部中，只有刑部没有设在洪武门内。刑部、都察院和大理寺并称"三法司"，设置在今南京太平门外的太平堤西侧。据称："三法司门往北一带，旧有大墙，总括三法司、京畿道在内。"

辉煌的故宫

■ 钦天山 位于南京鼓楼的东面，北依台城、玄武湖，西连鼓楼岗，东连覆舟山，因刘宋时期山上建立日观台而得名。古时称为"鸡鸣山"，因形似鸡笼又名"鸡笼山"，明时"国朝于山巅置仪表，以测玄纬，名观象台，更名钦天山"。

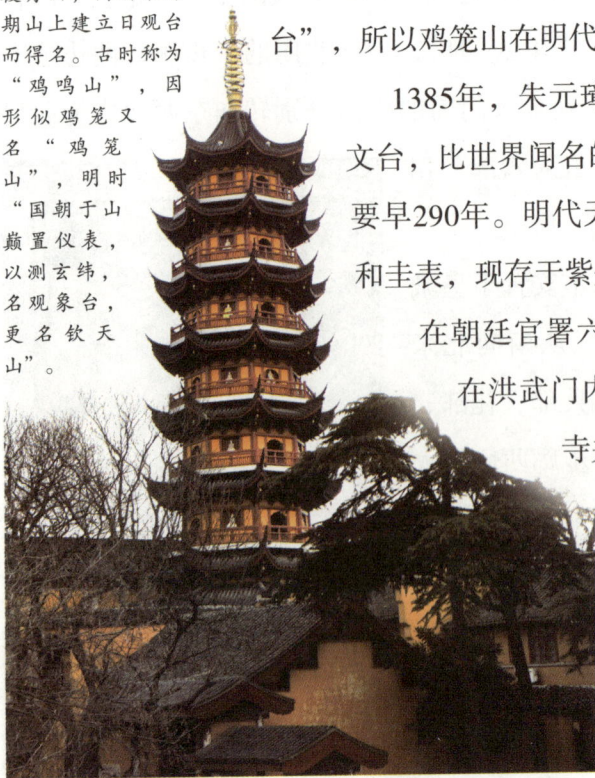

以朱元璋在南京期间建造的大概情况来看，这些"大围墙"虽然不能与宫城、皇城、京城以及外郭城墙相比，但其耗用的建材和民工确实相当可观。

■ 南京故宫午朝门遗址

当时朝廷全面负责南京建造的机构是工部，而且作为其首要的任务。具体负责南京建造工程的单位是营缮所，仍归工部管辖。该所位于现在南京通济门大街上。

过了外五龙桥就是承天门，这座城门相当于北京天安门。后来，朱元璋下令改建大内金水桥，在宫城南面正中的午门至皇城南面正中的承天门之间，建端门以及端门和承天门楼各五间。

端门两旁的御道东西两侧建有南北向的宫墙，把东面的太庙、西面的社稷坛隔在外头，使得这条御道更加森严，成为通向宫城唯一的交通线，因而承天门虽是建在皇城的正南，实际上是进入宫城的正南第一

浑仪 是以浑天说为理论基础制造、由相应天球坐标系各基本圈的环规及瞄准器构成的古代天文测量天体的仪器。浑仪是我国古代的一种天文观测仪器。古人认为天是圆的，形状像蛋壳，出现在天上的星星是镶嵌在蛋壳上的弹丸，地球则是蛋黄，人们在这个蛋黄上测量日月星辰的位置。

道门。

社稷坛 为明清两代祭祀社、稷神衹的祭坛，其位置是依周礼《考工记》"左祖右社"的规定，置于皇宫之右。祖与社都是封建政权的象征。社稷是"太社"和"太稷"的合称，社是土地神，稷是五谷神，两者都是农业社会最重要的根基。

■ 明故宫遗址内的古桥

承天门前南北走向的皇墙上建有衔接长安街东、西相向的长安左门和长安右门；在皇城主城的东面为东安门，西面为西安门，北面为北安门。

在皇城西南角的皇墙下，为宦官诸监所在地。其他各司、局、库、房、厂等为朝廷服务的机构，有的设置在宫城里，有的设置在皇城内。

皇宫内、外的河道上，除了建有内、外五龙桥，还在东长安门外附近建有"青龙桥"，在西长安门外附近建有"白虎桥"，也就是玄学常用的所谓"左青龙，右白虎"之制。

朱元璋在南京时期，虽然一再强调要生活简朴，但相信风水龙脉的朱元璋在建造殿堂坛庙时，却完全不是如此。其用心之良苦，建造工艺之考究，令人瞠目。

■ 明故宫遗址城墙

以祭祀的坛庙为例，朱元璋先后建造、改建过的主要祭祀坛庙有圜丘、方丘、天地坛，社坛、稷坛、社稷坛，太庙、帝王庙、功臣庙等20多座。

当然，这些建筑现已无存，我们只能通过史料中的文字来想象当年散布于南京城墙内外的这些建筑的模样和规制。

圜丘建于1367年，是祭"天"之所。在京城东南正阳门外钟山之南面，仿汉制为坛二层。第一层宽约21米，高约25米，四面有台阶。正南台阶有9级，宽约2.85米；东、西、北三面的台阶也有9级，但是这三面的台阶明显要比正南面的台阶窄很多。从坛的表面直至坛基，全部用琉璃砖垒砌，四面以琉璃栏杆围绕。

第二层周围坛面宽约8米，高约2.5米。正南有9级台阶，宽约3.8米；东、南、北一样是9级台阶，都是

宦官 是我国古代专供皇帝、君主及其家族役使的官员。在先秦和西汉时期并不全都是阉人。自东汉开始，则全为被阉割后失去性能力而成为不男不女的中性人。又称寺人、阉人、阉官、宦者、中官、内官、内臣、内侍、内监等。

辉煌的故宫

■ 明故宫遗址

比正南面的台阶略窄一些，坛面以及栏杆都和第一层一样。

方丘是祭"地"之所。其制式大致与圜丘相同。圜丘与方丘，一个祭天，一个祭地，取"天圆地方"之意。

1377年，朱元璋感到"天地犹父母，父母异处，人情有所未安"，"乃命即圜丘旧址为坛，而以屋覆之，名大祀殿"，也就是后人所称的天地坛。

社稷坛初建于1367年，用于祭祀土神和谷神之所。据史书记载：

> 在宫城之西南，背北向。社东稷西，各广五丈，高五尺，四出陛，第陛五级。坛用五色土，色各随共方。

早期的社稷坛实际是"社坛"和"稷坛"两座坛，共用一个地方。直至1377年，才"改建社稷坛于

谷神 是生养之神，他可称为是原始的母体。万物都从这原始母体之门产生，可以说他是万物的本根。他绵绵不绝，似亡实存，使用他永远不会穷尽。我国有悠久的农耕文明史，崇尚谷神的风俗十分普遍。谷神也就是崇祀植物谷子，实属自然神。

午门之右，共为一坛"。

太庙初建于1367年，祭祀朱元璋一系的祖宗之所，位于宫城东南，与社稷坛隔御道相向。不同祖先分居不同的庙宇之内。

史书记载：

皇高祖居中，皇曾祖东第一，皇祖西第一，皇考东第二，皆南向，每座庙中供奉神主，东西两夹室，旁两庑，设三门。

每门皆设戟二十四，外为都宫，正门之南，别为斋次。正殿两廊楹室崇深，功臣配享，左有神宫监。

洪武八年，改建太庙，前殿后寝，殿翼皆有两庑，寝殿九间，奉藏神主，为同堂异室之侧。

真武 亦称"玄武"，俗称"真武大帝""玄天上帝"。为道教所奉的神。相传古净乐国王太子生而神猛，遇天神授以宝剑，入湖北武当山修炼，经过四十二年而功成，白日飞升，威镇北方，号玄武君。宋讳玄字，因称真武。

■ 朱元璋塑像

除了上述这些主要殿堂坛庙之外，明初在南京最集中建造的庙宇，要算设置在鸡鸣山南边山脚下的祭庙。如帝王庙、城隍庙、真武庙、卞壶庙、蒋忠烈庙、刘越王庙、曹武惠王庙、元卫国公庙、功臣庙、五显庙、关羽庙等，号称"十庙"。

这些如此集中排列在鸡鸣

鸡鸣山寺庙

山下的祭庙和所祭祀的对象，显然远远超出了一般庙宇的功能。

洪武年间在南京建造的坛庙还不仅仅这些，如在金川门外设置的龙江坛、定淮门外设置的晏公庙、神策门外设置的无祀鬼神庙、狮子山上设置的徐将军庙等。

应该说，朱元璋建造的这些用于祭祀的殿堂坛庙实际上反映了他因出身卑微而荣登九五之尊后一种文化上和心态上的需求。

同时也反映了当时民众对这种社会文化的认同程度，为京城的官员和百姓们提供了一处处精神寄托的场所，更是朱元璋借庙堂、神明思想以控制民众思想、用以巩固政权的手段。

阅读链接

《明实录》记载，1421年初，永乐皇帝下诏将国都由南京迁至北京，于是南京的天地坛就此荒废。

为了保持南京古都的天地坛格局，永乐皇帝又在北京修建了一座天地坛，这就是后来的天坛和地坛，这种合祭天地的做法也是从南京沿袭而来。

至清朝嘉靖皇帝时，南京的天地坛又将改建成天坛和地坛的分设。在现存的南京天地坛的地址上还留存有天坛埂、石券等遗迹。

历史变迁明故宫不复存在

南京皇宫由于是在明朝修建起来的，所以人们又习惯称它为明故宫，这座宫殿经历了600多年的历史演变，到现在为止，宫殿已经荡然无存，只剩下一些令人无限感伤的断壁残垣。

那么，如此富丽堂皇的皇宫建筑又是怎样走向衰败、破落以至毁灭的呢？此事还要从明朝的第三任皇帝说起。

1402年，朱元璋的第四个儿子朱棣当上了皇帝，由于他在当皇帝之前一直住在北京，为此，在他当皇帝的10多年后，便迁都到北京，此后，南京故宫便不再使用，

■ 朱棣（1360年～1424年），明朝第三位皇帝，明太祖朱元璋第四子。1402年夺位登基，改年号为永乐。明成祖朱棣即位后五次北征蒙古，缓解其对明朝的威胁；疏通大运河；迁都并营建北京；编撰百科全书《永乐大典》；设立奴儿干都司，以招抚东北少数民族；派郑和下西洋，沟通了中国同东南亚和印度河沿岸国家。

■ 南京故宫遗址上的石柱

辉煌的故宫

只是作为留都宫殿，委派皇族和内臣管理。

事实上，在朱棣当上皇帝前，南京故宫就曾发生了一次兵变，由于战火，此时的南京故宫已经有了一些损坏。

另一方面，由于朱棣要迁都北京，所以他又派人在北京修建了一座宫殿。修宫殿就修宫殿吧，可是，为了使北京的宫殿看上去比南京宫殿更加壮观，这位皇帝又派人在南京故宫内拆卸下许多巨型的石材，劳师动众地运往北京。

经过这么一番折腾，南京故宫当然就显得凌乱不堪了。虽然在以后的明朝，南京还是陪都，但今非昔比了，皇家不在这里，皇宫当然也就无人精心看管。

1449年农历六月，天降雷雨，南京故宫内的谨身殿、华盖殿等宫殿因被雷电击中起火，火灾导致两殿损毁严重。

1522年初秋，一场暴风雨来临，洪水暴涨起来，南京故宫的一些寝殿和城墙难以幸免，都纷纷坍塌。

1644年，福王朱由崧在此即位，一度建立南明政权。此时的明故宫内大多殿宇已经坍毁无存，南京太庙也早已被焚毁，朱由崧进行了一些修复工作，兴建了奉天门、慈禧殿等建筑。

陪都 是指因政治地理或其他政治军事形势的原因，朝廷或国家在正式首都之外选择特定地理位置所建立的辅助性首都。陪都现象在我国最早出现于殷商时期，但是比较正规的陪都始于西周。设置陪都是为了加强对全国的统治。

清灭南明后，改南京为江宁，将明皇城改为八旗驻防城，设置将军衙门和都统衙门于明故宫中。

1684年，康熙皇帝首次南巡，到达江宁，见到残破不堪的南京故宫大为感慨，作《过金陵论》一文，其中写道：

道出故宫，荆榛满目，昔者凤阙之巍峨，今则颓垣残壁矣！顷过其城市，间阎巷陌未改旧观，而宫阙无一存者，睹此兴怀，能不有吴宫花草、晋代衣冠之叹耶！

由此可见，此时的明故宫已经是"宫阙无一存者"，变得相当荒凉了。

清朝末年，太平天国之战使明故宫又经受了一次较大的破坏，除地下埋藏的石构件基础外，只剩

都统衙门 都统是八旗组织中一旗的最高军政长官，于1615年设置，并各设两个辅佐官。1660年定汉名为"都统"，满洲、蒙古、汉军旗各一人，共24人。分掌各该旗之户籍、田宅、教养、营制、兵械以及选官序爵、操演训练等军政事务。都统衙门就是都统办公的地方。

世界第一宫殿

南京故宫

■ 南京奉天门遗址

奉天门遗址石刻

下一片残垣碎瓦、蛇鼠出没的废墟。

后来，人们又在此地新建了中山东路和逸仙桥。这样一来，明故宫遗址被从中分为南北两部分，仅存午朝门与地下石柱础等少量遗迹了。

明故宫虽然被毁了，但它的历史地位不可磨灭。

阅读链接

新中国成立以后，荒寂多年的明故宫遗址又重获新生。南京刚一解放，国家领导人便邀请有关的专家、学者座谈，以征求保护意见。

与会者一致认为，这是我国历史上重要的明朝皇宫遗址，应该予以保护，因此决定将明故宫仅存的约350个石柱础就地深埋，埋入路北侧中轴线及其两侧；将中山东路北侧约60万平方米的遗址辟为南京军区教练场进行保护。

1956年10月，明故宫遗址被公布为江苏省重点文物保护单位，从而使文物完好地保存至今。

现存的明故宫遗址公园不仅有大量的精美石刻遗迹，供人们遥想当年这座皇宫的辉煌；另外，随着陆续恢复的东华门、西安门遗址公园，更能让人们从中感受到明初皇气初成的辉煌。

北京故宫

北京故宫位于北京市中心，旧称"紫禁城"，1925年后成为故宫博物院。它是明、清两代的皇宫，是无与伦比的古代宫廷建筑杰作，也是世界保存下来最大、最完整的木质结构古建筑群。

北京故宫从明初建立，至今已有500多年历史。在这漫长的历史中，共有24个皇帝在此治朝理政和起居生活。它经历了多次修缮与扩建，留下了许多沧桑历史，给故宫增添了神奇的魅力，具有丰富的文化内涵。

朱棣命蒯祥设计建造皇宫

1402年，朱元璋的第四个儿子朱棣当上了明朝的第三任皇帝。当上皇帝以后，朱棣自然就入住了南京皇宫。

明成祖朱棣画像

可是，这位皇帝在南京城住得并不习惯，这是为什么呢？

原来，他在当上皇帝以前一直住在北平，也就是后来的北京，而南京的气候湿热，和北平的干燥气候比起来，朱棣觉得简直非常地不舒服。

他在南京城委屈地住了四年后，仍然没有适应南方的气候，这让这位皇帝很苦恼。

这时，朱棣的一个大臣丘福看出了朱棣的心思，就对这位皇

帝建议说："皇上，既然您住在南京城不习惯，那就不如去北平重新修建一座宫殿吧。"

■ 紫禁城壁画

朱棣听了这个提议，非常开心，便毫不犹豫地答应了。于是，一场浩大的土木工程拉开了建造北京皇宫的序幕。

朱棣先派人奔赴全国各地去采购名贵木材和石料，然后运送到北平，光是前期准备工作就持续了整整11年。

修建皇宫需要大量的珍贵木材，珍贵的楠木就是其中的一种。楠木多生长在崇山峻岭之中，百姓冒险进山采木，很多人为此丢了性命，人们用"入山一千，出山五百"来形容采木所付出的生命代价。

在京东通州有两个地方都叫皇木厂，一个位于张家湾，另一个位于北关立交桥南。

据记载，皇木厂因存储建设北京所用皇家木材而得名。

丘福（1343年~1409年），今安徽省凤阳人，明永乐时将领。早年在燕王府工作。因多年的辛劳，被授予燕山中护卫千户。后爆发靖难之役，他与朱能、张玉一同夺得北平九门。朱棣登基后，被封为淇国公。

■ 北京紫禁城微缩模型

辉煌的故宫

牌楼 牌楼也叫牌坊，最早见于周朝。一种有柱门形构筑物，一般较高大。最初用于旌表节孝的纪念物，后来在园林、寺观、宫苑、陵墓和街道均有建造，旧时牌楼主要有木、石、木石、砖木、琉璃几种，多设于要道口。牌楼曾作为多届世博会中国馆的门面建筑，吸引了世人的视线。

据《通州文物志》记载，明永乐年间建北京，自云贵、巴蜀、湖广、浙赣等南方所采办之珍贵木材，自大运河运至张家湾，于此上岸储放，然后经陆路运到各建筑工地。

皇木厂南北约120米，东西约100米。皇木扎乘木排逆水而运，也有用船装载。运河有些河段一天只能行八九千米，从产地运到通州要两三年，有些木排长达3千米。

皇木在明清之际用于建造或修缮北京皇家所用之宫殿，以及王府、衙署、试院、学府、城门、牌楼、园林及陵寝等。通州两处皇木厂所储皇木大都用尽。

皇木厂的木材种类有铁花梨、楠木、硬合欢树、紫檀、红木等名贵木材。

据老工匠估算，以故宫的后三宫之一乾清宫为例，从地面码到顶层，木料大约用了5000立方米，这还只是一个宫殿的用木量。

故宫里面有9000多间房子，如此浩大的工程，所需木材经年累月，源源不断通过运河输送到北京，之后才有了"漂来的紫禁城"之说。

在通州北关立交桥南，这里也有皇木厂，据文献记载，在明嘉靖年间，由于紫禁城及皇陵等建筑所需木材甚多，张家湾的皇木厂几近饱和，而南方的木料还在源源不断地运来，因此在此处另建了分厂，储存有铁梨木、大枋木等名贵木种。

开采修建宫殿的石料同样很艰辛。后来保和殿后那块最大的丹陛石，开采于北京西南的房山。

史书记载了运送它时的情景：数万名劳工在道路两旁每隔500米左右掘一口井，到了寒冬腊月气温足够低时，就从井里打水，把运输的道路泼成冰道，便于石块滑行。即使这样，还是足足用了28天的时间，才送到了宫里。此外，修建故宫还要在苏州烧制专供皇家建筑使用的方砖，同时山东临清也要向北京运送贡砖。

这些各地的材料大部分经由大运河船运而来，因

■ 北京故宫古建筑

榫卯 主要是在两个木构件上所采用的一种凹凸结合的连接方式。凸出部分叫榫，凹进部分叫卯，这是我国古代建筑和家具及其他木制器械的主要结构方式。

■ 蒯祥（1398年~1481年)，明代的著名建筑工匠师。他曾参加或主持多项重大的皇室工程，负责建造的主要工程有北京皇宫、皇宫前三殿、长陵、献陵、裕陵、北京西苑、隆福寺等。

此才有了"先有大运河，再有北京城"这句俗语。

材料准备好后，1417年，朱棣开始从南方调集大量能工巧匠，大兴土木，兴建宫城。

整座宫城是严格按照封建宗法礼制设计规划的，前面三个大殿为外朝，是皇帝处理政务的地方；后面的宫殿群则为内廷，住着后宫嫔妃，是皇帝家庭生活之所。

"左祖右社"和传统的阴阳五行学说在这座建筑中得到广泛运用。

依照我国古代的星象学说，紫微垣是天帝居住之处，天人对应，所以皇帝的宫殿应称为"紫禁城"。"紫禁城"的名称就是这样来的。

如果说朱棣是北京故宫总设计师的话，那么，实际负责修建北京故宫的人，就是一个叫"蒯祥"的建筑工匠。蒯祥是江苏吴县人，他出身木匠世家，父亲蒯福就是名匠，明洪武年间曾参加南京明宫城的建筑营造。蒯祥从小聪明伶俐，心灵手巧，善于钻研，能举一反三，青年时便有"巧木匠"之称。

在当时，到北京参与故宫修建的工匠中有一个香山帮，都是江苏吴县人或其门徒。他们往往擅长木工，其中又不乏出色的泥水匠、漆匠、石匠、堆灰匠、雕塑匠和彩绘匠等。蒯祥是香山帮匠人的头领。

1417年，蒯祥接替父亲，担任"营缮所丞"，设计并直接指挥明宫城的营建工程。

在当时，蒯祥的建筑技艺已达到了炉火纯青和巧夺天工的程度。他精于尺度计算，又擅长榫卯技巧，还能双手握笔同时在一根柱子上绘双龙，"画成合之，双龙如一"，技艺娴熟，出神入化。

在民间一直流传着蒯祥的一个故事：

据说建造皇宫时，缅甸国向明朝进贡了一块巨木，朱棣下令把它做成大殿的门槛，但一个木匠不留神锯错了，短了一尺多。木匠吓得脸色煞白，慌忙报告蒯祥。

蒯祥看了，让那个木匠再锯短一尺多，大家都很惊愕。之后，蒯祥就在门槛的两端雕琢了两个龙头，再在边上各镶上一颗珠子，还搞了创新，让门槛可以装卸。皇帝见了十分高兴，大加赞赏。这就是俗称的"金刚腿"活门槛。

蒯祥很聪明，营建宫殿楼阁时，他只需略加计算，便能画出设计图来，待施工完毕后，建筑与图样大小尺寸分毫不差。蒯祥的建筑造诣，得到极高评

■ 蟠龙石刻

彩绘 在我国自古有之，被称为丹青。常用于我国传统建筑上绘制的装饰画。我国建筑彩绘的运用和发明可以追溯到2000多年前的春秋时代。它自隋唐期间开始大范围运用，到了清朝进入鼎盛时期，清朝的建筑物大部分都覆盖了精美复杂的彩绘。

■ 北京紫禁城景观

辉煌的故宫

从一品 封建社会九品十八级官制中的第二等级。在明朝时期，官职主要有少师、少傅、少保、太子太师、太傅、太保、都督、同知等。

价，皇帝每每以"蒯鲁班"称之。

1436年至1449年间，蒯祥又受命营建乾清宫、坤宁宫和重建故宫三大殿工程。后来，蒯祥还参与了十三陵之一——裕陵的兴建，被任命为裕陵的总设计师。

蒯祥到了七八十岁老年的时候，仍继续发挥夕阳余热，俸禄到从一品，并参加了承天门的建造，承天门也就是天安门。

1481年春天，蒯祥在北京病逝。当时皇帝得到消息后，派人前去安排丧事，并将蒯祥当年的居住地和营造业工匠聚集的那条巷命名为"蒯侍郎胡同"。

阅读链接

大多数人都认为，故宫是明代杰出匠师蒯祥设计的。然而，也有人提出了不同意见。持这种观点的专家认为，其实蒯祥只是故宫的施工主持人，故宫真正的设计人应该是名不见经传的蔡信。

1417年，紫禁城宫殿开始进入大规模施工高潮，蒯祥随朱棣从南京来到北京，开始主持宫殿的施工。但在此之前，蔡信已主持故宫和北京城的规划、设计和建造了。因此说，蔡信要比蒯祥更早一步成为故宫的设计者。

四面城门合围大内禁地

1420年，整整用了14年的时间修建的紫禁城终于完工了，同年冬天，朱棣正式由南京迁都北京，高兴地住了进去。

此后，这里成为明清两代的皇宫，先后居住了24位皇帝。

紫禁城建成后，因为这里是禁止普通的老百姓进入的，所以这座

北京紫禁城城门

辉煌的故宫

■ 北京故宫护城河

护城河也称濠，是我国古时由人工挖凿、环绕整座城、皇宫、寺院等主要建筑的河，具有防御作用，可防止敌人或动物入侵。护城河内沿筑有"壕墙"一道，外逼壕堑，内为夹道，提高了护城河的防御作战能力。我国的护城河，以襄阳护城河宽度为最。

宫殿也被称为"大内"。作为只能皇室成员和文武百官才能踏入的地方，500年来，紫禁城一直是皇帝的居所和政府的所在。

1925年10月10日，紫禁城成为国家级博物馆并正式对外开放。此后，紫禁城被正式称为故宫。

这座始建于明代的古老宫殿，占地约为72万平方米，建筑面积约15万平方米，共有殿宇8707间，都是砖木结构、黄琉璃瓦顶、青白石底座，饰以金碧辉煌的彩绘。

宫殿四面环有高10米的城墙，南北长约960米，东西宽约760米，为世界之最。

宫殿的整个建筑被两道坚固的防线围在中间，外围是一条宽52米、深6米、长3.8千米的护城河环绕，接着就是内围城墙，其周长3千米，墙高近10米，底宽8.62米。

城墙上开有4门，南有午门，北有神武门，东有东华门，西有西华门，城墙四角还耸立着4座角楼，楼高27米多，有3层屋檐，72个屋脊，玲珑剔透，造型别致，为我国古建筑中的杰作。

其中，午门是故宫的正门，位于紫禁城南北的轴线上。午门居中向阳，位当子午，故名午门。

午门前有端门、天安门、大清门，其后有太和门，左右为东华门和西华门。各门之内，两侧是排列整齐的廊庑。整个宫殿以乾清门为界，南半部为前朝或外朝，北半部为内廷。

午门建成于1420年，1647年重修，1801年再修。

故宫内现存的午门通高37.95米，下为高大的砖石墩台，台正面以垛墙围绕，后面砌宇墙。墩台正中有3个门，正面呈长方形，后为券形，墩台上建五凤楼，围以汉白玉精美栏杆。

重檐庑殿 我国传统建筑中最高级别的屋顶形式。庑殿顶又叫"四阿顶"。这种殿宇平面呈矩形，面宽大于进深，前后两坡相交处是正脊，左右两坡有4条垂脊，分别交于正脊一端。重檐庑殿顶，是在庑殿顶之下，又有短檐，四角各有一条短垂脊，共9脊。

■ 北京故宫午门

辉煌的故宫

北京故宫午门

午门主楼面阔9间，重檐庑殿顶，其余4楼为重檐攒尖顶，金黄色琉璃瓦与绚丽的彩画交相辉映，气势巍峨，宏伟壮丽。

午门后有5座精巧的汉白玉拱桥通太和门。午门中楼左右有钟鼓亭，每逢皇帝在太和殿主持大典时，钟鼓齐鸣，以示威严。

午门的平面呈"凹"字形，沿袭了唐朝大明宫宽近58米的含元殿以及宋朝宫殿丹凤门的形制，是从汉代的门阙演变而成。

午门分上下两部分，下为墩台，高12米，正中开三座门，两侧各有一座掖门，俗称"明三暗五"。墩台两侧设上下城台的马道。

中开3座门和两座掖门各有用途：中门为皇帝专用，此外只有皇帝大婚时，皇后乘坐的喜轿可以从中门进宫，又通过殿试选拔的状元、榜眼、探花，在宣布殿试结果后可从中门出宫。东侧门供文武官员出

门阙 是塔楼状建筑，置于道路两旁作为城市、宫殿、坛庙、关隘、官署、陵墓等入口的标志。外观大体分为阙座、阙身与阙檐三部分。阙身依数量有单出、双出与三出，形体多带有较大收分。阙檐有层次之别。檐下多以斜撑或斗拱支承，又是重点装饰所在。

入。西侧门供宗室王公出入。两座掖门只在举行大型活动时开启。

墩台上正中门楼一座，面阔9间，60.05米，进深5间，25米，重檐庑殿顶。墩台两翼各有廊庑13间，俗称"雁翅楼"。廊庑两端建有重檐攒尖顶的方亭。

正楼两侧有钟鼓亭各3间，每遇皇帝亲临天坛、地坛祭祀，则钟鼓齐鸣，到太庙祭祀则击鼓，每遇大型活动则钟鼓齐鸣。

午门整座建筑高低错落，左右呼应，形若朱雀展翅，故又有"五凤楼"之称。

东华门是紫禁城东门，始建于1420年。

东华门东向，与西华门遥相对应。门外设有下马碑石，门内金水河南北流向，上架石桥一座，桥北为3座门。东华门以西是文华殿，以南为銮仪卫大库。

东华门与西华门形制相同，平面矩形，红色城台，白玉须弥座，当中辟3座券门，券洞外方内圆。

廊庑 指"堂下周屋"，即堂下四周的廊屋。廊指房屋前檐伸出的部分，可避风雨、遮太阳；前廊后庑。庑下，殿下外屋。分别而言，廊无壁，仅为通道；庑则有壁，可以住人。

须弥座 又名"金刚座"或"须弥坛"，源自印度，是用于安置佛像或菩萨像的台座，外表看起来犹如莲花台一样。佛像安置在上面，有吉祥如意的意思。

039

古代建筑杰作

北京故宫

■ 北京故宫东华门

辉煌的故宫

■ 北京故宫西华门

城台上建有城楼，黄琉璃瓦重檐庑殿顶，基座围以汉白玉栏杆。

城楼面阔5间，进深3间，四周出廊，梁枋绘有墨线大点金旋子彩画。东面檐下"东华门"匾额原为满、蒙、汉三种文字，后减为满、汉两种，现在仅存铜质汉字。

东华门门楼自1758年始用于安放阅兵时所用的棉甲，每隔一年抖晾一次。1763年农历三月，乾隆皇帝下旨在东华门外护城河边空闲围房中选用70间，设立仓廒，用于存贮太监应领米石，赐名"恩丰仓"。

清初，东华门只准内阁官员出入，乾隆朝中期，特许年事已高的一、二品大员出入。清代大行皇帝、皇后、皇太后的灵柩皆由东华门出，民间俗称"鬼门""阴门"。

西华门是紫禁城的西门，它的位置不在紫禁城西侧城墙正中而偏向午门一侧，这样布局与故宫城总体规划有很大关系。此门始建于1420年。门外设有下马碑石。

西华门与东华门形制基本相同，平面矩形，红色城台，汉白玉须弥座，城台当中辟3座券门，券洞外方内圆。门钉为九纵九横，以为极数，代表皇权至上之意。

城台上建有城楼，黄琉璃瓦重檐庑殿顶，基座围以汉白玉栏杆。

城楼面阔5间，进深3间，四周出廊，梁枋绘墨线大点金旋子彩画。门楼用于安放阅兵所用棉甲及锭钉盔甲。

西面檐下"西华门"匾额原为满、蒙、汉三种文字，后减为满、汉两种，现存同样仅存铜质汉字。

从整体上说，西华门与宫城布局和建筑形成整体呼应的效果。

券门 本指门窗、桥梁等建筑成弧形的部分。在我国古代，由于平时不少士兵是守在城下的，一旦有战事发生，即要登城参加战斗，所以在长城内侧每隔不远就建有一个圆拱形小门，称作"券门"，有石阶通到城墙顶上。

銮仪卫 位于紫禁城东南角楼处，清代为宫廷服务的机构，掌管帝、后车驾仪仗。1644年设，初沿明制称"锦衣卫"，二年改称"銮仪卫"。1654年厘定品级、员额，遂成定制。

■ 紫禁城角楼

清时官员进宫办事或觐见出入西华门，必须在西华门外下马或下轿步行出入。

神武门是紫禁城的北门，也是故宫博物院的正门。1420年建成，明代时始称"玄武门"。

故宫内现存的神武门总高31米，平面矩形。基部为汉白玉石须弥座，城台辟门洞3座，上建城楼。楼建于汉白玉基座上，面阔5间，进深1间，四周围廊，环以汉白玉石栏杆。

楼前、后檐明间与左、右次间开门，菱花隔扇门。东西两山设双扇板门，通城墙及左、右马道。四面门前各出踏垛。

城楼为重檐庑殿顶，下层单翘单昂五彩斗拱，上层单翘重昂七彩斗拱，梁枋间饰墨线大点金旋子彩画。上檐悬蓝底鎏金铜字满汉文"神武门"华带匾。

顶覆黄色琉璃瓦。楼内顶部为金莲水草天花，地

■ 康熙帝（1654年~1722年），全名爱新觉罗·玄烨，清朝第四位皇帝、清朝定都北京后第二位皇帝。他8岁登基，在位61年，是我国历史上在位时间最长的皇帝。他是我国统一的多民族国家的捍卫者，奠定了清朝兴盛的根基，开创出康乾盛世的大局面。

面铺满金砖。神武门对面是北京城内的景山公园。

此门是贯穿北京古城长约8千米中轴线上的一座有其独特作用的宫门。据《养吉斋丛录》等书记载，清代"三楼"，即神武门钟楼与地安门北的钟楼、鼓楼，都由銮仪卫掌管。并由负责天象和历法的钦天监逐日委派漏刻科博士一员，轮值神武门，指示更点。

每至黄昏时候，神武门钟楼先鸣响108声而后再"起更"。当时，一夜分为五更，也称"五夜"或"五鼓"。

一更约两小时。每到一个"更次"，则由旗鼓手鸣鼓，直至第二天早上，五更已尽，再鸣晨钟，也是108声。地安门北的钟楼、鼓楼，同样如此，所以古有"晨钟暮鼓"之说。但皇帝住在宫中时，规定神武门不再鸣钟。

玄武为古代四神兽之一，从方位上讲，左青龙，右白虎，前朱雀，后玄武，玄武主北方，所以帝王宫殿的北宫门多取名"玄武"之名。清康熙年重修时，因避康熙帝玄烨名讳改称神武门。

神武门是宫内日常出入的重要门禁，明清两代皇后行亲蚕礼即由此门出入。清代每三年选一次秀女，

四神兽 在上古时代，古人把天分为东西南北四宫，分别以青龙为东方之神、白虎为西方之神、朱雀为南方之神、玄武为北方之神，龟蛇合体。于是，青龙、白虎、朱雀、玄武便成为镇守天宫的四神。据说，这四神是最令妖邪胆战心惊的法力无边的神兽。

■ 北京故宫城墙

备选者经由此偏门入宫候选。

在我国，清代皇帝后妃的来源与历代不同，它创立了具有自己特点的"选秀女制度"，而神武门则是被选看八旗秀女领进和带出宫廷所必经的皇城大门。

这种严格的选秀女活动由户部主管，每三年举行一次。选看的前一日，各旗的参领、领催等要事先排定车次，然后按顺序鱼贯衔尾而进。

每辆车上挑挂双灯，各有标志。傍晚发车，入夜经地安门至神武门外等候启门，再依次下车入宫。所乘车辆，即由神武门夹道出东华门，再由崇文门大街一直向北，绕道仍进地安门回到神武门，估计时间已是次日中午左右。

选看完毕的秀女，再按照既定次序退出神武门，登车各归其家。虽千百辆车，却井然不乱，所以人们

称之为"排车"。

据说，在我国乾隆年间，选秀女时车马杂沓，先后凌乱，应选者各自争路，车不得进，不仅时有堕珥遗簪的旗女，而且有交通事故发生。自嘉庆间额驸丹巴多尔济提出上述车辆由神武门向东而西绕行的方法，人皆称便，秀女的车辆就不再因抢道而拥挤不堪了。

鉴于选看秀女时这种车马辐辏、人员麇集的情况，1801年谕旨规定，应选当日，进宫的大臣官员不准走神武门，皆必须由东华门、西华门入内，就连王子也不准由神武门行走。

另外，神武门既是皇后妃嫔及选看秀女出入的主要宫门，所以在顺治初年，参与大政的孝庄皇后就颁有明谕：

有以缠足女子入宫者斩。

这道懿旨在早年便高悬在神武门内。清朝初期，满汉分别，极为

故宫城墙

严格。满族女子本是"天足"，"缠足"的只有汉族妇女，所以孝庄的谕旨具体反映了清入关之始强烈的民族观念。

不过，这一切都已成为历史，故宫内现存的神武门正以其崭新的雄姿，作为故宫博物院的主要门户之一，迎接着海内外的朋友。

阅读链接

在紫禁城的4个城门中，午门、神武门、西华门的门钉均为纵九横九，而只有东边的东华门门钉为纵九横八，这又是怎么回事呢？

在我国古代的阴阳五行学说中，东、西、南、北、中为五方，东属木，西属金，南属火，北属水，中属土。而相生相克的关系为：木生火，火生土，土生金，金生水，水生木；木克土，土克水，水克火，火克金，金克木。在故宫东、西、南、北、中方位系统中，南北轴线上是火生土、土克水的关系，即外生内、内克外。这样，生进克出为吉宅，而东西轴线是木克土、土生金的关系，即外克内、内生外，这样，克进生出则呈凶宅，而凶象中尤以木克土为甚。

为了避凶化吉，我国古代建筑师运用阴阳五行相生相克的原理，将门钉数变为纵八横九，共72颗，即把木化为以偶数为主的阴木，因为木能克土。然而阴木未必能克阳土，所以横行还是九路，又不失帝王之尊。

以文华殿为首的两翼各殿

　　1521年，明朝的第十位皇帝明武宗朱厚照驾崩。由于这位皇帝是单传，他死时又没有留下子嗣，为此，他的母亲张太后与首辅杨廷和经过商议，决定让武宗的堂弟朱厚熜继位。

　　这位朱厚熜此时只有15岁，住在湖广的安陆，也就是现在的湖北钟祥地区。

　　朱厚熜接到张太后的懿旨，立即从湖北赶到北京城。由于他尚未登基，大臣们便要求他从东安门进入紫禁城，并在外朝三大殿的东翼殿堂文华殿内居住。

■ 朱厚照（1491年~1521年），明朝第十位皇帝，在位16年。他一生贪杯、好色、尚兵、无赖，所行之事多荒谬不经，为世人所非议。有人认为他荒淫暴庚、怪诞无耻，是少见的无道昏君。也有人认为他追求个性解放，是极具个性色彩的皇帝。总之，武宗富有戏剧性的一生是难以用只言片语概括的。

农历 是我国长时期采用的一种传统历法，以朔望的周期来定月，用置闰的办法使年的平均长度接近太阳回归年，因这种历法安排了二十四节气以指导农业生产活动，所以称为农历，又叫中历、夏历，俗称阴历。

■ 故宫文华殿

朱厚熜住进文华殿以后，感到非常不满意，这是为什么呢？

原来，这个文华殿一直是明朝太子们居住的地方，而朱厚熜是来紫禁城里做皇帝的，他对这样的安排当然不能满意。

朱厚熜一生气，便拒绝登基，这可急坏了太后和大臣们，因为他们是商议了很久才决定立朱厚熜继承皇位的，更何况"国不可一日无君"。

于是，大家在这位倔强的少年面前败下阵来，终于同意等朱厚熜正式登基后，便可从文华殿内搬出。

这年农历五月二十七日，朱厚熜正式登基，年号嘉靖，也就是后来的明英宗。

在这位皇帝登基的第二天，他便正式进入奉天殿内居住，享受皇帝的待遇规格。

1536年，朱厚熜将文华殿改为皇帝的便殿，用于自己学习时使用。

这座文华殿后来在明末毁于战火，至清康熙年间才重建起来，故宫内现存的文华殿便是康熙时期流传下来的古迹。

此殿于故宫外朝中轴线的东部，与西面的武英殿形成呼应，一文一武，东西辅翼，护卫着朝廷的外朝三大殿殿区。

故宫内现存的文华殿区是由文华门、前后殿和东西配殿组成的一个独立院落，这里已经辟为故宫博物院陶瓷馆，曾举办过大量陶瓷专题展览。

文华殿主殿为"工"字形平面。前殿即文华殿，南向，面阔5间，进深3间，黄琉璃瓦歇山顶。明间开6扇三交六椀菱花隔扇门，次间、梢间均为槛窗，各开4扇三交六椀菱花隔扇窗。东西山墙各开一方窗。殿前出月台，有甬路直通文华门。

后殿为主敬殿，规制与文华殿略似而进深稍浅。前后殿之间以穿廊相连。东西配殿分别是本仁殿、集义殿。

在建筑布局上，文华殿是三大殿的右翼，在功能上，则是外朝三大殿的补充。文华殿前有文华门，后有主敬殿，东西向有配殿。东侧还有跨院称传心殿，是"经筵"前祭祀孔子的地方。院内有一井名叫大庖

三交六椀 是清代宫殿建筑门窗棂心花纹装饰之一。它由3根棂子交叉相接，相交点以竹或木钉固定装饰成花心。正交法各夹角均为60度，斜交法中线偏30度相交，可以组成圆形、菱形、三角形等多种图案，形式非常丰富，是我国古建筑外檐装修中的高等级形式。

北京故宫文华殿
正面

穿廊 是指明末的建筑。主要是指将两座建筑物从中间联系起来的廊房。它是厅堂和居室房间的补充，起着内外空间过渡的作用。我国古代北京官府中四合字的通廊常给人以"庭院深深深几许"的感受，就是因为运用了穿廊的格局。

井，井水甘甜，名冠京华。

明清两朝，每岁春秋仲月，都要在文华殿举行经筵之礼。清代以大学士、尚书、左都御史、侍郎等人充当经筵讲官，满汉各8人。

每年以满汉各两人分讲"经""书"，皇帝本人则撰写御论，阐发心得，礼毕，赐茶赐座。明清两朝殿试阅卷也在文华殿进行。

明代设有"文华殿大学士"一职，以辅导太子读书。清代逐渐演化形成"三殿三阁"的内阁制度。文华殿大学士的职掌变为辅助皇帝管理政务、统辖百官，权限较明代大为扩展。

当然，作为故宫外朝三大殿的两翼建筑，不仅仅有文华殿建筑群，在三大殿的东翼还有文渊阁、上驷院、南三所，西翼除武英殿外，还有内务府等众多的建筑。

其中，文渊阁位于故宫东华门内文华殿后。文渊阁坐北面南，阁制仿浙江宁波范氏天一阁构置。外观为上下两层，腰檐之处设有暗层，面阔6间，西尽间设楼梯连通上下。

两山墙青砖砌筑直至屋顶，简洁素雅。黑色琉璃瓦顶，绿色琉璃瓦剪边，喻意黑色主水，以水压火，以保护阁内收藏的书籍。

阁的前廊设回纹栏杆，檐下倒挂楣子，加之绿色檐柱，清新悦目的苏式彩画，更具园林建筑风格。阁前凿一方池，引金水河水流入，池上架一石桥，石桥和池子四周栏板都雕有水生动物图案，灵秀精美。

阁后湖石堆砌成山，势如屏障，其间植以松柏，历时200余年，苍劲挺拔，郁郁葱葱。

阁的东侧建有一座碑亭，盝顶黄琉璃瓦，造型独特。亭内立石碑一通，正面镌刻有乾隆皇帝撰写的

楣子 是用于有廊建筑外侧或游廊柱间上部的一种装修，主要起装饰作用。均透空，使建筑立面层次更为丰富。有倒挂楣子和坐凳楣子。倒挂楣子安装于檐枋下，楣子下面两端须加透雕的花牙子。坐凳楣子安装于靠近地面部位，楣子上加坐凳板，供人小坐休憩。

古代建筑杰作

北京故宫

■《四库全书》书影

《文渊阁记》，背面刻有文渊阁赐宴御制诗。

故宫内现存的文渊阁是皇家收藏《四库全书》的图书馆。

《四库全书》是一部汇集历代典籍精粹、囊括传统文化精华的历史上最大规模的丛书，乾隆帝专门为建造在宫廷禁地和皇家园囿的4座藏书阁命名。

除宫中的文渊阁沿袭明代之称外，另三部分别藏于文源阁、文津阁、文溯阁，四阁又称"北四阁"。后又抄三部藏于文宗阁、文汇阁、文澜阁，称"南三阁"。也就是说，以文渊阁为代表的内廷四阁之名，皆取法天一阁，体现了以水克火的理念。

外朝三大殿的东翼建筑南三所位于外朝东路文华殿东北，为一组殿宇的总称。在明朝时，这一带有端敬殿、端本宫，为太子所居。

其中原有殿名"撷芳殿"，清康熙年间太子胤礽

胤礽（1674年~1725年），清圣祖玄烨第七子，母为仁孝皇后赫舍里氏。除康熙早殇诸皇子外。序齿为皇次子。因其胞兄、嫡长子承祜很小便夭折，所以在胤礽刚满周岁时即被确立为皇太子。他是清代历史上唯一的、也是我国历史上最后一位明立的皇太子。历经两立两废，最终以幽死禁宫收场，被追封为亲王。

■ 北京故宫文渊阁

■ 紫禁城角楼

之宫人于此居住。1746年，在撷芳殿原址兴建3座院落，作为皇子居所。

因其位在宁寿宫以南，故又称"南三所"，也称"阿哥所"或"所儿"，嘉庆朝以后多以"撷芳殿"代称整组建筑。

清代的皇子们，只有在幼年的时候可以居住在东西六宫享受父母之爱。到了10岁，就要迁出后宫，暂居紫禁城内廷两翼的毓庆宫或更为偏远的"南三所"，受封亲王后便彻底迁出紫禁城，到父皇赏赐的王府居住。

"南三所"共用宫门一座，面阔3间，进深1间，绿琉璃瓦歇山顶，当中开门，内外设有慢道。门内有一东西窄长的小广场，广场北侧自东向西依次排列三所，每所皆为前后三进。

"南三所"的形制完全相同：南端有琉璃门一座，

耳房 指正房或厢房两侧连着的小房间，这两个小房间不论是进深或是高度都偏小，如同挂在正房两侧的两只耳朵，故称耳房。如果每侧一间耳房，两侧共两间，即称三正两耳。如果每侧两间，两侧共四间耳房，则称三正四耳。小型四合院则多为三正两耳，中型四合院则为三正四耳。

琉璃 亦作"瑠璃",是指用各种颜色的人造水晶为原料,采用古代的青铜脱蜡铸造法高温脱蜡而成的水晶作品。其色彩流云漓彩、美轮美奂;其品质晶莹剔透、光彩夺目。琉璃是佛教"七宝"之一、"中国五大名器"之首。我国琉璃生产历史悠久,最早的文字记载可以追溯到唐代。

■ 北京故宫建筑

前殿面阔3间,中殿、后殿皆面阔5间,绿琉璃瓦硬山顶。殿前都有东西配殿各3间,中殿前有井亭一座。

此外,还有耳房、顺山房、值房、膳房、净房等殿宇。整个"南三所"共有房200余间。后来,南三所又各添盖后罩房一座,黑琉璃瓦顶。

"南三所"位于在紫禁城东部,按阴阳五行之说,东方属木,青色,主生长,故屋顶多覆绿琉璃瓦,并安排皇子在此居住。

同时,依封建礼制,"南三所"建筑的屋顶皆为单檐硬山顶或歇山顶,形制较皇帝所用的殿宇等级稍逊。

"南三所"建成后,嘉庆皇帝颙琰曾于乾隆四十年至六十年在中所居住,乾隆六十年受封太子后移居毓庆宫。嘉庆年间,皇子幼年时先住在毓庆宫,成婚后移居"南三所"。

此后,道光皇帝、咸丰皇帝都曾在此居住。宣统年间,这里曾作为摄政王载沣的起居所。

　　"南三所"不是某一建筑的名称，而是清宫皇子固定住所的俗称，还包括乾东五所、乾西五所几处。一般来说，皇子成婚封爵之后就要开府，迁出"阿哥所"，但也有成婚封爵之后仍留在"阿哥所"居住的。

　　乾东五所在乾清宫之东、千婴门之北。实际上是指5座南向的院落，自西向东分别称东头所、东二所、东三所、东四所、东五所。此区域在明代时就成为皇子的居住之处。乾、嘉、道三朝的多数皇子都曾居住在这里。

　　乾西五所位于乾清宫之西、百子门之北。与乾东五所一样也称"头所""二所"等。雍正以前的皇子多居于此。乾隆即位后，这里因是"潜龙邸"，乾西五所升格为重华宫、建福宫、敬胜斋等，不再居住皇子。

　　总的说来，外朝三大殿的东翼建筑南三所实质上就是锻炼皇子尽早自立的地方，具有育人功能。

　　故宫外朝三大殿的西翼武英殿是外朝中的一个偏殿，位于外朝午门以西，与文华殿相对称，体制相同。不同之处是内金水河从武英殿

辉煌的故宫

■ 北京故宫武英殿

歇山顶 歇山式屋顶，宋朝称九脊殿、曹殿或厦两头造，清朝改今称，又名九脊顶。为我国古建筑屋顶样式之一，在规格上仅次于庑殿顶。歇山顶共有9条屋脊，即1条正脊、4条垂脊和4条戗脊，因此又称九脊顶。由于其正脊两端到屋檐处中间折断了一次，分为垂脊和戗脊，好像"歇"了一歇，故名歇山顶。

门前东流，文华殿则从殿后文渊阁前东流。两殿额名似是文华谈文、武英论武，而实际并非如此。

明代初年皇帝曾以武英殿作为斋戒之所，皇后也曾在此接受命妇的朝贺。但更多的时间是在这里从事文化活动。如皇帝经常召集内阁中书衔的官员中能写善画者在这里编书绘画。

现存的武英殿建筑群落成于明永乐年间，占地约1.2万平方米，主要建筑60余间，6500多平方米。建筑群为前后两重，由武英门、武英殿、敬思殿、凝道殿、焕章殿、恒寿斋、浴德堂诸殿堂以及左右廊房63楹组成。

正殿武英殿南向，面阔5间，进深3间，黄琉璃瓦歇山顶。

须弥座围以汉白玉石栏，前出月台，有甬路直通武英门。

后殿敬思殿与武英殿形制略似，前后殿间以穿廊相连。东西配殿分别是凝道殿、焕章殿，左右共有廊房63间。院落东北有恒寿斋，西北为浴德堂。

同时，在清代时，武英殿还是宫廷的修书之所，是皇室文化事业的核心。在这里修书、编书、校书的最多时有上千人。

现存的武英殿正殿书画馆中，既有晋唐宋元的稀世孤本，也有明清各个画派名家的代表作品，可以清晰、系统地反映我国古代书法与绘画艺术发展的脉络。能使人感受经典，分享我国书画艺术的精美绝伦，同时也展示了中华传统文化的博大精深。

武英殿东西配房的典籍馆，多角度展示了清宫廷收藏的大量古籍善本、相关器物、书画，等等。

在武英殿展出的书画作品有《洛神赋图》《平复帖》《游春图》《步辇图》《韩熙载夜宴图》《清明上河图》《新岁展庆帖》《诗送四十九侄帖》等。

外朝三大殿的西翼内务府是清朝管理宫廷事务的机构，为清代特有，始设于顺治初年。故宫内现存的内务府建筑群已不复存在。

阅读链接

在清代，论嫡庶，生下来的如果是男孩，刚坠地即由保姆把持交给奶妈之手。配与保姆、乳母、针线上人、浆洗上人、灯火上人、锅灶上人。直至断奶，增加谙达，教授语言、饮食、行走等礼节。

6岁时，随众站班当差，教之上学，黎明即起，穿衣戴帽进入乾清门，混杂在诸王队列中，在御前站立；12岁教授满语；14岁教授弓矢骑射；16岁至18岁该结婚了，如果父皇在位，则住在青宫，俗称"阿哥所"。若父皇驾崩，即与他的亲生母亲分府而居，如果其母亲是皇后则例外对待。

为此，清代的皇子们很多都是在"南三所"内长大的。

浑然天成的故宫印象

　　北京故宫建成后，至1911年清帝退位的约500年间，历经了明、清两个朝代24位皇帝。

　　新中国成立后，北京故宫迎来了新生。故宫成为我国明、清两代仅存下来的皇家宫殿。1961年，国务院宣布故宫为第一批全国重点文物保护单位。1987年，故宫被联合国教科文组织列为世界文化遗产。

北京故宫鸟瞰

現存的故宫建筑在布局上的主要特点可以概括为：前朝后寝，三朝五门，左祖右神，中轴对称，前宫后苑。

整个故宫长960米，宽760米，占地72万平方米，周边环绕城墙和护城河，四周4门为午门、神武门、东华门、西华门。

故宫的宫城中轴线上有5个主要的门，依次为天安门、端门、午门、乾清门、神武门，其左右为东华门和西华门。整个宫殿以乾清门为界，南半部为前朝，北半部为内廷。

故宫的外朝部分，组成为太和门庭院，太和殿、中和殿、保和殿三大殿，文华殿以及武英殿。

故宫的内廷部分，分3路。中路包括由乾清宫、交泰宫、坤宁宫组成的后三宫，嫔妃的住所东西六宫，皇帝的住所养心殿。西路包括慈宁宫、慈宁花园、寿安宫、寿康宫。

■ 北京故宫建筑

古代建筑杰作

北京故宫

神武门 紫禁城北门。建于1420年，初名玄武门，取古代"四神"中的玄武，代表北方之意，后因避康熙皇帝玄烨名讳改名神武门。城台开有三门，帝后走中间正门，嫔妃、官吏、侍卫、太监及工匠等均由两侧的门出入。清代选秀女，将嫔妃迎入宫中均走此门。1924年，逊帝溥仪被驱逐出宫即由此门离去。

午门 是紫禁城的正门，位于紫禁城南北轴线。此门居中向阳，位当子午，故名午门。明代皇帝处罚大臣的"廷杖"也在午门举行。每逢重大典礼及重要节日，都要在这里陈设体现皇帝威严的仪仗。

■ 北京故宫建筑

东路包括皇极殿、宁寿宫、养性殿、乾隆花园。此外还有斋宫、东五所、西五所、南五所等。

故宫占据了整个北京最重要的黄金地段，从总体的布局上体现了择中立宫的思想。

故宫在利用建筑群烘托皇帝的崇高与神圣方面达到了登峰造极的地步，主要是在1.6千米的轴线上，用连续、对称的封闭空间，逐步展开的建筑序列来衬托出三大殿的庄严崇高与宏伟。

在建筑的整体中突出了重点，即太和殿。故宫的建筑群由南向北延伸，随着空间和形体的变化，在太和殿形成高潮。从总的布局看，深、宽、高都集中在太和殿。

故宫建筑在形体、空间、色彩等方面采用了一系列的对比手法，造成了一种多样的统一。

一是大与小的对比。在宏伟的天安门城楼下，巧妙地安置了两间火柴盒子似的小屋，这小屋除它特有

■ 北京紫禁城内的建筑

的用处外，在艺术上起到对天安门的烘云托月作用。

二是高与低的对比。为烘托太和殿的崇高，周围采用了低矮连续的回廊。这让太和殿在低矮回廊之间更显示出高大的身姿。

三是宽与窄的对比。这是一种欲放先收的手法。从正阳门到太和殿所形成的狭长空间与太和殿前广阔的空间形成强烈的空间对比。

四是明与暗的对比。故宫在色彩上给人的强烈印象是金碧辉煌。金黄色的琉璃瓦与青绿色为基调的檐饰相对比，在蓝天、白云辉映下显得非常辉煌。

五是繁与简的对比。雕梁画栋，镂金错彩，这就是繁。这与殿外单色调红墙和黄色琉璃瓦屋顶形成一种繁简对比。

六是方与圆、曲与直对比。如天安门、端门门洞是圆形，午门的门洞是方形。又如笔直的中轴线与弧形的金水桥形成曲与直的对比。

正阳门前门的俗称，包括箭楼和城楼，原由瓮城墙连为一体，后因修路分割成了两个部分。但一般人们也把大栅栏那个地方叫作前门，所以从严格意义上来说，前门的概念是一个区域，范围是正阳门和它前面的珠市口、大栅栏等区域。

紫禁城角楼

七是动与静的对比。建筑本身是静止的，但由于空间与形体变化却呈现出流动的节奏感，有序曲、有高潮、有尾声。如果说正阳门是序曲，那么太和殿则是高潮，景山公园就是尾声。

建筑学家们认为故宫的设计与建筑是一个无与伦比的杰作，它的平面布局、立体效果，以及形式上的雄伟、堂皇、庄严、和谐，建筑气势雄伟、豪华壮丽，是我国古代建筑艺术的精华。

辉煌的故宫

阅读链接

北京故宫之所以能完整保存下来，要非常感谢一个人，就是江苏省无锡人、前文化部部长陆定一。

在20世纪60年代初，曾有人提出故宫"地广人稀，封建落后"，要对它进行改造。改造方案，是在故宫内部建设一条东西向的马路，并将文华殿、武英殿改造成娱乐场所。

后来的"整改方案"，是在太和殿前竖立两座大标语牌，一东一西，高度超过38米高的太和殿，用它压倒"王气"；太和殿宝座要扳倒，加封条；在宝座台上塑持枪农民的像，枪口对准被推翻的皇帝。把中和殿改建为"人民休息室"，把一切代表封建意识的宫殿、门额全部拆掉。

陆定一得知消息，拍案大怒，在他据理力争之下，这个荒唐的改造方案没有得以实施，才让后来的人们有幸目睹故宫昔日的风采。

沈阳故宫

　　沈阳故宫，又称"盛京皇宫"、陪都宫殿或留都宫殿等。它始建于1625年，后经康熙、乾隆皇帝不断地改建、增建，形成了今日的宫殿规模。这是清王朝亲手缔造的第一座大气庄严的帝王宫殿建筑群，其浓郁的满族民族风格和我国东北地方特色，都是北京明清故宫所无法比拟的。

　　作为满汉民族建筑艺术融合的范例，沈阳故宫既是我国最著名的历史古迹和旅游胜地，也是当之无愧的优秀世界文化遗产。

努尔哈赤建造皇宫

　　沈阳故宫作为清王朝初始时期历史的实物见证，也是世上仅存的我国少数民族地方政权宫殿。是谁设计并建造了沈阳故宫？

　　对于这个问题的答案，历史上至今已有各种版本，虽各有依据，但至今没人能够确认。

　　历史把我们带回到1621年。这一年，清太祖努尔哈赤统率女真族部队占领了辽宁省的沈阳和辽阳之后，为了巩固其统治政权，由新宾县迁都于辽阳，并在辽阳建立了东京城。

■ 努尔哈赤（1559年～1626年），1559年出生于建州左卫苏克素护部赫图阿拉城。是后金政权的建立者，清朝的奠基人和主要缔造者。努尔哈赤制定了厚待功臣的重要国策，对"开国元勋"给予特别礼遇和优待。

■ 沈阳故宫匾额

这对于当时的后金政权来说，无异于是一个重大的喜讯。因为有了自家的根据地，进可攻退可守，就算是与当时的明朝政府抗衡也不是没有可能，就算是不抢夺大明的江山，也可以跟大明朝的皇帝谈谈议和条件，至少可以用马匹、皮草之类的当地特产换一些粮食或者衣服之类的生活用品。

侯振举作为已经归顺努尔哈赤旗下的一分子，为可汗努尔哈赤取得如此高的成就而感到高兴。

侯振举是山西省介休县人，因为善于烧制陶瓷制品而深受可汗努尔哈赤的喜爱。为了表示忠心，侯振举精心烧制了一批琉璃制品，专程进献给努尔哈赤。

努尔哈赤虽贵为可汗，但是也没见过这些精美的琉璃碗、琉璃盘，他高兴地说："你进献来的这些琉璃碗、琉璃盘是非常好的东西，是对我们的发展有好

女真族 我国古代生活于东北地区的古老民族，6世纪至7世纪称"黑水靺鞨"，9世纪起始更名女真。直至17世纪初建州女真满洲部逐渐强大，其首领努尔哈赤建立后金政权，至皇太极时统一女真各部，改女真族号为满洲，后来满洲人又容纳了蒙古、汉、朝鲜等民族，逐渐形成了今天的满族。

辉煌的故宫

处的东西。这些东西比金银还值钱。"

他又接着说："金银有什么用，饿了不能当饭吃，冷了也不能当衣服穿。还是你这个工匠烧制的东西有用，这些东西才是真正的宝贝。来人啊，给侯振举升官，赏银20两。"

侯振举一下子成了努尔哈赤眼中的红人，他再接再厉，继续为努尔哈赤敬献琉璃碗、琉璃盘以及绿釉烧制的瓦和盆。

1622年，侯振举负责的缸窑岭琉璃窑被努尔哈赤封为"御窑"。由此，侯振举的民窑便更名为皇瓦窑，成了可汗御用官窑。

1625年春天，努尔哈赤突然决定把都城从辽阳迁往沈阳。并且，他们几乎是在一夜之间就完成了这项不可思议的任务。

努尔哈赤为何如此"仓促迁都"？民间一直流传

御窑 过去烧造官窑通常一个品种上百件，完美无瑕的是皇室御用。百余件官窑作品中品相前十名的是御窑。

着一些说法：

传说，努尔哈赤深信"传统风水学"，他按照风水先生的指点，在当时的东京城西南角修建娘娘庙；在东门里修建弥陀寺；在风岭山下修建千佛寺，想用3座庙把神龙压住，以保龙脉的王气。

但是，3座庙宇只压住了龙头、龙爪和龙尾，城里的龙脊梁并没被压住。于是龙一拱腰，就要飞腾而去，一直向北飞到浑河北岸。

努尔哈赤以为龙是奉天旨意，命他在龙潜之地再修造城池，于是一座新城便拔地而起，并将此域命名为"奉天"。

又因为浑河古称沈水，风水中有关阴阳的规定为：山的南面为阳、北面为阴，水的南边为阴、北边为阳，因为这座城位于沈水北面，所以根据风水学说法，又把这座城命名为"沈阳"。

沈阳是明朝的辽东重镇。在努尔哈赤选沈阳作为新都城的时候，它已经在女真人的掌握

官窑 是一个相对广义的概念。历代由朝廷专设的瓷窑均称"官窑"，所产瓷器称为"官窑瓷"。"官窑瓷"又分为两类：狭义指朝廷垄断，专窑专烧的；广义的由朝廷设定标准，用窑不限，民窑也可烧造，最后由朝廷统一验收，统一采办，也称官窑瓷。

■ 官窑烧制的琉璃瓦

之中。沈阳地势较平坦，人也不多，是中等城市，主要是地理位置优越，有着重要的军事根据地的作用。

所以除了风水原因之外，沈阳的战略地位，在努尔哈赤看来也是必须选择为都城的一个因素。

长城之南，北京城里有明朝皇宫紫禁城，努尔哈赤看着眼红，因为自己贵为可汗，却还没有属于自己的大型宫殿，这样于颜面上也说不过去。

于是，努尔哈赤决定自己也在沈阳城内修建一所属于自己的皇宫紫禁城。

当努尔哈赤做出这个决定的时候，首先想到的人就是曾经给自己进献琉璃缸、绿釉碗的侯振举。

侯振举是能工巧匠，他烧制的琉璃制品天下一绝，于是侯振举就作为沈阳故宫的设计者和建造者，同众多工匠一起开始努力地工作起来。

可惜努尔哈赤寿禄不够长，刚决定盖房子，就撒

■ 努尔哈赤雕像

努尔哈赤雕像

■ 皇太极（1592年～1643年），清太祖努尔哈赤第八子，母为侧福晋叶赫那拉氏。1626年，继位后金可汗，改年号为天聪，史称"天聪汗"。他是第一位当大清皇帝的人，这是他个人权势的升华，也是他父亲努尔哈赤创建后金国以来的划时代的飞跃。

手人寰，1626年的秋天，努尔哈赤出师未捷身先死。他的死因也成为历史上的一大谜案。

努尔哈赤死后，他的儿子皇太极成为汗位的继承人。皇太极为了完成父亲的遗愿，继续修建沈阳故宫。沈阳故宫共用11年时间才修建完成。

沈阳故宫建成于1636年，至1644年农历八月年仅6岁的福临决定迁都北京，这座昔日皇家宫殿才成为陪都的宫殿。

阅读链接

侯振举到底是不是沈阳故宫的真正设计者和建造者是有争议的。因为在当时的时代，工匠之类的人属于下等人，并不会被收录到历史文献中。

不过在清朝乾隆年间，乾隆皇帝曾经下令为侯振举的后人修家谱。从这一点就可以看出侯振举这一家绝对不是寻常百姓可比拟的。

之所以说侯振举是沈阳故宫的设计者，也是因为侯振举给沈阳故宫提供了琉璃瓦。他曾经参与施工，或许当时的后金政权还没有想过盖个房子还需要什么设计，因为我们现在看沈阳故宫的样式，几乎和当地的房子式样类似，只不过是红墙黄瓦、描金镶宝，多加了些修饰罢了。或许根本不需要真正意义上的设计师来设计。

皇太极时修建的议政宫殿

　　沈阳故宫中宫殿数量极多，在这些金碧辉煌的宫殿中，最为重要的、也是皇上使用最多的宫殿就是大政殿，也就是皇上处理政务的地方。

　　大政殿建于1625年，设计之初是作为努尔哈赤的金銮殿来使用的，最早称为"大衙门"，俗称"八角殿"，1636 年定名为"笃恭

沈阳故宫大政殿

殿"，康熙时期更名为"大政殿"。

大政殿位于东路院落正北居中，为八角形尖顶的建筑，屋顶覆盖黄色琉璃绿色瓦饰，在殿身内部使用一圈柱列与斗拱，从空间的使用性质说是使建筑内部空间形成内外两部分，形成回字形的槽形空间。

沿殿前台阶而上，首先映入眼帘的便是两条蟠柱金龙。金龙翘首扬爪、盘旋直上、呼之欲出。大殿内，地坪正中为木雕金漆宝座，背倚巨大的木雕金漆屏风。殿内顶棚雕刻降龙藻井，四周则配以木雕垂莲、福、禄、寿、喜字天花和梵文。

内柱柱头之间全部用透雕花板连接。殿内还高悬乾隆、道光等皇帝东巡盛京时题的匾联。尤其令人感叹的是，这座金碧辉煌、雄伟巍峨的大殿，从里到外竟然没有一根铁钉子。

八面殿身均设隔扇门，每面6扇。殿身坐落在每边长9米、高7米的须弥座台基上，从地面算起，殿总高21米。台基东、南、西、北四出踏垛，东西各9

梵文 梵文为印度雅利安语的早期名称，印度教经典《吠陀经》即用梵文写成，其语法和发音均被当作一种宗教礼仪而分毫不差地保存下来。19世纪时，梵语成为重构印欧诸语言的关键语种。

攒尖顶 即攒尖式屋顶，宋朝时称"撮尖""斗尖"，清朝时称"攒尖"，是中国、日本、朝鲜古代建筑的一种屋顶样式，其特点是屋顶为锥形，没有正脊，顶部集中于一点，也就是宝顶，该顶常用于亭、榭、阁和塔等建筑。

■ 沈阳故宫十王亭

级，北为12级，正南两组15级踏垛，正中有御路夹云龙石雕，通向阶下月台。

设计者没有采用满族传统的硬山建筑形式，而是打破常规选择了八角重檐攒尖顶的亭式建筑，这种独特的建筑造型在皇家的主要议政建筑上是很少见的。

大政殿建立之初的作用是作为努尔哈赤的"金銮殿"，但宫殿尚未建成使用，努尔哈赤就病逝了，因此它并未发挥设计之初的功用。

皇太极时期才将大政殿修建完好，但其作用却发生了变化，将其作为议会、集会等重大活动的最庄严、最神圣的地方，诸如皇帝继位、宣布重大军事活动的进军令、颁布大赦令等重要政令、迎接凯旋将士、举行国宴等重要仪式都要在此举行。

十王亭作为东路努尔哈赤时期"诸王议政之所"，是由左右翼王亭和八旗亭组成，分别按照八旗的等级方位分布在大政殿前广场的两侧。

■ 沈阳故宫万字炕

十王亭说是"亭"，实际上也是10座"宫殿"建筑。10座宫殿的规模、形制、样式比较类似，但是大小略有不同。十王亭为歇山卷棚顶周围廊亭式建筑，青砖青瓦，红柱红门，外廊四角各3根柱子。室内仅一间见方，没有柱子支撑。

十王亭即是努尔哈赤修建，左右翼王亭就不说了，因为翻遍清史也没有关于左右翼王的记载，究竟这两座亭子是不是摆设也未可知。

单说八旗王亭，努尔哈赤其实是以亲疏以及自己的宠溺来定排序的，左右两边的第一层次由北向南，以北为上是自己亲统的镶黄和正黄。

两边的第二层次是正白和正红，正白是皇太极的，这是努尔哈赤最为中意的接班人，正红旗是代善的，这是他嘱咐持国的次子。

第三层次是努尔哈赤的两个孙子，长子长孙多铎的镶白旗和代善长子的镶红旗；第四层次的则是自己

多铎（1614年~1649年），全名爱新觉罗·多铎，清初传奇名将。清太祖努尔哈赤第十五子，他为镶白旗主，时人通称十王。清太宗皇太极时，屡有战功，他与哥哥多尔衮都是覆灭明朝的元勋。

辉煌的故宫

■代善（1583年~1648年），努尔哈赤的次子，也是清代一位杰出的政治家和军事家，初封大贝勒，与阿敏、莽古尔泰、皇太极，并称四大贝勒。勇武善战，多有战功。他对清朝的建立做出了重大贡献。

爱新觉罗·莽古尔泰（1587年~1632年），清太祖努尔哈赤第五子，爱新觉罗氏，努尔哈赤第二位福晋富察氏所生，后金的四大贝勒之一。他骁勇善战，在后金与明朝的战争中发挥了重要作用，后因涉嫌谋反被处死。

最不喜欢的五子莽古尔泰的正蓝旗，和被他宰掉的兄弟舒尔哈齐的儿子阿敏。

十王亭由北向南，亭子的规模是越来越小的，由此可见一斑，努尔哈赤定十王亭尊卑时，确是以自己亲疏喜好排列建造的。

当年十王坐殿办公的时候可以坐在面向广场的炕上，这也是不同于其他议政建筑的特点。另外十王亭的这种实用性的室内空间布局特点，是与其建筑的使用方式分不开的。

崇政殿坐落在沈阳故宫的中路，是皇太极时期的"金銮殿"，也是沈阳故宫的正殿，是沈阳故宫的标志性建筑之一。

崇政殿为5间9檩硬山式建筑，建在1米高的台基上。南北均为红色隔扇门，前后辟有檐廊和台阶，并有精美的石雕栏杆装点，古朴秀丽。

殿顶为黄色琉璃瓦，绿色剪边，在正脊、垂脊、博风、山花等部位，设有黄、绿、蓝色的琉璃构件，上面雕有行龙、宝珠、瑞草等图案，将殿檐打扮得绚丽多彩，好像为殿檐镶嵌上了彩色的花链。

殿顶四角装饰着多种颜色的羊、狮、龙、海马等脊兽，栩栩如生，充满活力。山墙的墀头装饰着彩色的飞龙、麒麟等琉璃图案，更加彰显了皇家建筑的华丽与尊贵的气概。

最引人注目的是，在前后檐廊上各有6根红色的方形檐柱，柱顶部分各有一龙头和前爪探出廊外，目视远方，龙身和后爪则在廊内，而龙尾却留在了殿内。整体看去，仿佛是12条巨龙从殿内飞出。那雄姿让人赞叹，那气势使人震撼。

在殿前的石阶下，连着宽敞的白石青砖月台，和崇政殿形成了一个有机的整体。月台的东南角立有日晷，西南角设有嘉量亭，均为大理石雕造而成。日晷为古代计时器，嘉量为古代计量器，两种物件象征着皇权主张的公平和正义。

崇政殿的外观，纯朴大方又有华丽的气质，精美紧凑不失壮观的景色，其多彩的视觉与其建筑外形和谐相映，既体现了宫廷的高贵，又透露出浓郁的地方民间气息，充分展示了满族的建筑风格和特色，在国内宫殿建筑中可以说是独树一帜。

脊兽 是我国古代建筑屋顶的屋脊上所安放的兽件。它们按类别分为跑兽、垂兽、"仙人"及鸱吻，合称"脊兽"。其中正脊上安放吻兽或望兽，垂脊上安放垂兽，戗脊上安放戗兽，另在屋脊边缘处安放仙人走兽。

满汉艺术杰作

沈阳故宫

■ 沈阳故宫崇政殿匾额

■ 沈阳故宫崇政殿全景

崇政殿的里面，更是秀丽迷人，肃穆威严。殿堂内5间贯通，不设隔断，没有吊棚，上上下下横竖交错的殿柱梁架一览无余，所有的木架构都装饰着彩绘或雕刻，形成了一处彩云飘逸、百花吐艳、龙飞凤舞的多样空间。

你能看见那大大小小的梁架如同一道道腾空飞舞的彩带，粗壮的殿柱携带着盘龙拔地而起，椽间望板上的万朵浮云托起了蓝色的天空。身临其处，仿佛来到了美丽的仙境。

在清军入关后，康熙、乾隆、嘉庆、道光几位皇帝东巡盛京期间，都曾在崇政殿接受群臣的朝贺典礼，庆祝自己祭陵大典成功。为了表达对崇政殿的敬仰，从乾隆时起，皇帝把一些相关的题咏诗章手迹制成匾联悬挂在殿内，成为后人永久的记忆。

崇政殿见证了皇太极时期的辉煌。大清建立以后，八旗军不断取得胜利，崇政殿也跟着热闹非常。元旦、万寿节、太祖实录告成、皇子娶妻、公主下嫁、明朝重要官员的归降等仪式，以及接待外邦宾客来盛京进贡、朝觐等，都是在崇政殿隆重举行。

崇政殿是在后金政权建立不到20年的时间里，就按照本民族所喜爱的火爆热烈和淳朴自然的审美习俗而建造的大清国的第一座"金銮殿"，并以此开辟了大清的历史征程，从而充分反映出崇政殿的功德与价值。

迪光殿是一座3间歇山前后廊式建筑，建于1746年至1748年间，为清帝东巡期间驻跸时处理国家军政要务之所。

迪光殿之名为乾隆皇帝钦定。迪，语出《尚书》太上篇，有"启迪"之意；光，语自《易经》的坤卦，"含弘光大，品物咸亨"。迪光，即"欲迪""祖宗谟烈"之光。

迪光殿屏风上刻有嘉庆皇帝"御制瑞树歌"，共269字，用以警示皇帝本人时刻不忘祖宗创业的艰辛。屏风前的宝座雕漆精妙，开光处刻画着太平有象、万方来朝，用以显示八方归顺、天下一统的美好寓意。

宝座左右各摆设云石面方几一架，上面各有一尊碧玉雕成的驮宝瓶，寓意江山永固、天下太平。宝座前方两侧各陈设一只瑞兽。

我国古代传说，这种神异瑞兽能日行一万八千里，通晓四夷语言。殿内设瑞兽，用来显示帝王开张圣听之贤德。

迪光殿东西间的东西墙上面各悬漆制挂屏一面，其下条案上陈设着青花贯耳瓶、青花双耳瓶和青花葫芦瓶、霁红瓶等。

另外，东西两侧各设插屏式大型门厅镜一面，它们除有

《尚书》又称《书》《书经》，为一部多体裁文献汇编，长期以来被认为是我国现存最早的史书，该书分为《虞书》《夏书》《商书》《周书》。战国时期总称《书》，汉代改称《尚书》，即"上古之书"。

■ 沈阳故宫崇政殿内景

沈阳故宫迪光殿的内景

屏风的功能外，还告诫皇帝要正身廉直，不忘反省言行的得失。

迪光殿前是东西配殿；殿后是保极宫、继思斋、崇谟阁和七间殿，由前后长廊相连。

迪光殿的整组建筑极其精制，包括殿宫、轩榭、门廊等，各个细部在内的建筑造型和宫内陈设都备加推敲，穷尽曲径通幽之妙，富贵华丽。

辉煌的故宫

阅读链接

传说努尔哈赤定都沈阳、建了大政殿以后，从里至外怎么看怎么漂亮，只有一件事觉得不称心，就是殿内缺少一块大匾。于是努尔哈赤传下旨意，命人在各处张贴告示，向天下读书人征集匾文。

有一天，努尔哈赤从各地献来的匾文中，看到有一份写了这样四句："木多一撇，正少一横，一点不见，两点全欠。"

努尔哈赤想了很久也没有明白上面的意思，后来，写这份匾文的书生告诉努尔哈赤，这是"移步视钦"的意思。其意思是提醒努尔哈赤身为一国之君，坐在龙庭宝座上要时时以国事为重，别忘了老百姓，要经常到下面体察民情，那样才能治理好一个国家，才能使国家繁荣昌盛。

努尔哈赤觉得书生说得很有道理，便命书生把这四个大字写在匾上，高高地挂在了大政殿内正面。

乾隆帝兴建御用藏书阁

作为皇帝，必须有很强的学习能力，只有自身的各方面知识充裕，才能有足够的经验和能力去处理国内纷繁的政务。文溯阁就是在这个需求之下建立的皇帝御用的图书馆。

文溯阁建于1781年至1783年，为西路建筑中的主体建筑，是仿照明代浙江宁波大藏书家范钦的"天一阁"修建的，专门收藏乾隆时期

沈阳故宫文溯阁内景

■ 沈阳故宫文溯阁

天一阁 位于浙江省宁波市区，是我国现存最早的私家藏书楼，也是亚洲现有最古老的图书馆和世界最早的三大家族图书馆之一。天一阁占地面积2.6万平方米，建于明朝中期，由当时退隐的兵部右侍郎范钦主持建造。

编撰的大型图书《四库全书》，也是全国存放《四库全书》的著名七阁之一。

阁名是乾隆皇帝钦定的，取"溯涧求本"之意，以示自己身处盛世仍不忘祖先开基创业之艰难，兢兢业业治理国家。因此取名为"文溯阁"。

文溯阁的建筑颇为奇特。它是在故宫的西路增建的。故宫西路的宫殿有百余间，主要布局却是分为两区，由南至北前部是嘉荫堂、戏台，后面是文溯阁。

文溯阁的色彩与其他宫殿截然不同。一般宫殿殿顶都采用黄琉璃瓦绿剪边及五彩饰件，而文溯阁用的则是黑色琉璃瓦绿剪边。这在沈阳故宫建筑中是独一无二的。

所有的门、窗、柱都漆成绿色，外檐彩画也以蓝、绿、白相间的冷色调为主，这与其他宫殿红金为主的外檐彩饰迥然不同。

其彩画题材也不用宫殿中常见的行龙飞凤，而是以"白马献书""翰墨卷册"等与藏书楼功用相谐的图案，给人以古雅清新之感。

它之所以采用黑色琉璃瓦为顶，是根据五行八卦之说，黑是代表水，书最忌火，以黑瓦为顶象征以水克火之意。

文溯阁的东侧建有一座碑亭，碑亭顶为黄琉璃瓦，造型独特。亭内立石碑一通，碑亭内石碑背面刻有乾隆撰写的《宋孝宗论》。碑文详细记录了建阁经过和《四库全书》的收藏情况。

《四库全书》是清乾隆时期主持编撰的百科全书。它的内容是十分丰富的。按照内容分类，分经、史、子、集四部分，部下有类，类下有属。全书共4部44类66属。

《四库全书》结构严谨，是我国古典文献中的珍

■ 沈阳故宫文溯阁内景

抄手游廊 根据游廊线路的形状而得名。一般抄手游廊是进门后先向两侧，再向前延伸，到下一个门之前又从两侧回到中间。在院落中，抄手游廊都是沿着院落的外缘而布置的，形似人抄手时，胳膊和手形成的环的形状，所以叫抄手游廊。

■ 文溯阁里的藏书

贵遗产，对于弘扬和传播民族文化具有重要意义。因此，为了保留下这样一部伟大的著作，专门修建文溯阁来收藏此书。

因为文溯阁里的藏书数量很多，不太方便皇帝随时取用阅读，所以皇帝就特别修建了仰熙斋作为自己的御书房，这个地方还是皇帝读书吟诗的场所。

仰熙斋与文溯阁的功能关系比较紧密，在布局上通过高于院落的御阶和院周的抄手游廊将仰熙斋与文溯阁相连，形成了西路围合的又一组院落。

仰熙斋为面阔7间前后廊硬山顶式建筑，屋顶覆黄琉璃瓦绿剪边。仅明间前后各开4扇隔扇门，其余6间均设支摘窗。建筑通面阔约为23米，室内进深很小。仰熙斋的东西两侧还建有耳房两间，作为侍从候传之处。

东耳房与仰熙斋通过东尽间南向的小隔扇门联系，西耳房则通过仰熙斋东山墙上的旁门之间联系，通过院两侧的抄手游廊取用书籍很是方便，即便在阴雨天也不会影响书籍的取阅。

清朝的皇帝对汉文化是很推崇的，所以他们很愿意多花时间读汉学著作，对于儒家文化的吸收和传播，满

文溯阁匾额

汉文化的融合等方面，清朝的皇帝做得相当出色，皇帝对汉文化的认可在很大程度上缓解了民族矛盾。

所以清朝的江山维持了近三百年。有这样的成绩，估计也是和这两所提供图书阅读的文溯阁和仰熙斋有着密切关系。

阅读链接

乾隆皇帝为什么会修《四库全书》呢？很多人觉得乾隆帝是好大喜功，自己的江山治理得还算不错，想着著书立说，给自己歌功颂德。

其实真正的原因并不是这样的。清朝作为少数民族统治者，时刻担心自己的统治地位不稳固，所以要借修《四库全书》之名来彻查当时知识分子的思想，看其对朝廷是否有异心。

在所有搜罗来的书籍中，凡是对统治者不利的一律销毁。对于其中有异心的知识分子实施杀戮。这才是修《四库全书》的真正目的。

与众不同的八字布局

　　作为大清第一所皇家宫殿，沈阳故宫的修建在当时并没有花费过多银子。因为当时努尔哈赤建立的后金政权尚不稳固，国库资金也很有限，修建沈阳故宫时，他召集了很多能工巧匠，给他们一定数额的工钱才把这所皇宫建成了。

沈阳故宫内的建筑

■ 沈阳故宫花园

因为资金短缺，有传言说当时努尔哈赤下令拆掉了一些原来在辽阳宫殿的东西，把这些"二手货"用在了沈阳故宫身上，并且与之完美结合，让人丝毫都发觉不了。

尽管花费不多，沈阳故宫的建筑艺术成就可绝不是随便糊弄上的。因为沈阳故宫的八字形布局标志了我国悠久的文化传统，显示了300多年前匠师们在建筑上的卓越成就。

沈阳故宫和北京故宫的布局不一样。北京故宫采用的是对称型的布局，而沈阳故宫采用的是八字空间的布局。这是古代少有的开放式的空间布局，对于闭关锁国的清政府来说，这样开放式的宫殿和他们的封闭政策形成鲜明对比。

沈阳故宫分为东路、中路和西路三部分修建，这三部分的特点鲜明，其平面的布局方式、建筑的形

后金（1616年~1636年），或称后金汗国，是出身建州女真的努尔哈赤在明朝东北部建立的政权，为清朝的前身。1583年，努尔哈赤率军征服东海女真，统一了分散在东北地区的女真各部。1616年，努尔哈赤在赫图阿拉称汗，建立大金，史称后金，改元天命。1636年，皇太极改国号为"清"，年号崇德，"金"的国号停止使用。

■ 沈阳故宫大政殿
前的石狮子

大政殿 俗称八角殿，始建于1625年，是清太祖努尔哈赤营建的重要宫殿，是盛京皇宫内最庄严、最神圣的地方。初称大衙门，1636年定名笃恭殿，后改大政殿。此殿为清太宗皇太极举行重大典礼及重要政治活动的场所。

制、装修装饰的特点等都充分显示了浓郁独特的满族早期建筑文化。

东路布局以沈阳故宫轴线中心的大政殿为整个空间的中心，两侧十王亭呈"八"字形对称排列。东西两侧的10座王亭以点的形式线形排列，在空间之中形成了两条隐含着的线，进而划分确定出一个明确的空间领域。

站在空间的起点处，你能够感受到在中心的大政殿控制下的、与两侧十王亭拱抱形成的巨大的专属空间。而整个空间又是敞开的、相互连通的。

在大政殿的近距离范围内，空间中出现了更进一步的小尺度空间元素。在左翼王亭和右翼王亭之间，大政殿前出现了一个月台，月台的南侧东西两端各立有一个石狮。

沈阳故宫中路建筑在整个的群体布局当中，是中间的核心部分，起到了联系和组织东、西两路的枢纽作用。

同时，因其自身的统一性、完整性与地方性特点，也使得它成为沈阳故宫的代表建筑群。

与东路大政殿建筑群单一的朝政功能不同的是，中路建筑群符合我国传统宫殿建筑群前朝后寝的布局方式，通过一系列的牌坊、殿门、院落、大殿、楼阁等建筑元素，有机地将两大功能排列组合到一起，形成了一系列的空间组合模式。

中路建筑群共由五层院落组成。第一层院落为今沈阳路南侧的影壁与大清门之间的一组建筑，还包括东西两侧的朝房，位于沈阳路上的文德和武功牌坊。

作为整个中路建筑群的起始点，第一层院落有效地把故宫的建筑空间从城市中分离出来。从功能方面讲，沈阳路上的文德和武功牌坊起到了地标性建筑的作用。同时，又由于牌坊的开放性，使沈阳路的空间增加了层次感。

沈阳故宫中，其整个建筑尺度、规模以及空间围合的完整程度与北京故宫有较大的差别，所构成的宏大效果显得较弱，但是在心理的暗示、空间气氛的营造方面仍有着异曲同工的作用。

阁 一种架空的小楼房，中国传统建筑物的一种。其特点是通常四周设隔扇或栏杆回廊，供远眺、游憩、藏书和供佛之用。汉时有"天禄阁""石渠阁"，清时有"文津阁""文汇阁"，指供佛的地方，如文渊阁、佛香阁、阁斋、阁本等。

满汉艺术杰作

沈阳故宫

■ 沈阳故宫文德坊牌坊

辉煌的故宫

在沈阳故宫中，首先要经过沈阳路东西方向行走，直至大清门前后，才出现了90度的轴线转折，这一点是两座故宫在这一空间序列部分最大的不同。

在这里，沈阳路上的两个牌坊、大清门、沈阳路南侧的影壁与其所形成的广场共同作用，使得中心广场得到扩大化的效果，在整个中路的空间序列当中，起到了转折、缓冲的调节作用。

第二层院落是中路朝政空间的核心，这是这个序列的高潮部分，也是皇帝常朝的空间。

这重院落主要由大清门到北部的崇政殿、东西两侧的飞龙阁、翔凤阁构成。另外还包括飞龙阁后的东七间楼、翔凤阁后的西七间楼，紧临崇政殿的东翊门、西翊门，崇政殿前月台等。

中路的第三层院落现存有崇政殿、高台上与之同处中轴线上的凤凰楼、分立院落两侧对称布局的师善斋与协斋、日华楼与霞绮楼。根据原来满族王府的形制，这重院落应该是原来皇太极王府的第一重院落，是整个王府空间的开端。

第四层院落也称为"台上五宫"，是沈阳故宫中与前朝空间相对的"寝宫空间"，建于近4米的高台之上。高台上的正门是凤凰楼，院内1间正房4间厢房，它们分别是中宫清宁宫、东宫关雎宫、西宫麟趾宫、次东宫衍庆宫、次西宫永福宫。

在清宁宫的东西两山墙外还有东西配宫。高台庭院东南角有索伦神杆。与中路前面的三进院落相比，台上五宫的院落空间尺度大大缩小，建筑形体趋于简单，建筑的尺度也更加宜人，以适应居住功能的需要。

第五层的院落与前面的四层重院落之间的差别是非常明显的，可从两个方面反映出来。首先，在功能方面，第五层院落主要是专为后宫的帝后供应御膳之用，属于生活空间的配套附属功能，在空间序列中的地位显然不是很重要的角色。其次，由于这重院落是配套附属功能的院子，与中轴线上前四重院落的联系并不密切。

第五层院落及其北部区域有御膳房、磨房、碾房、28间粮仓等。

沈阳故宫内的建筑

各房间在皇太极时期就已修建，在康、乾时期又对其进行了重修。在修建过程当中，尽量遵照原有建筑的式样建造。此后，经过历史的风雨洗礼，后来的院落格局、功能与旧制有了很大的改变。目前除28间粮仓的位置基本保持原址外，其余建筑都已荡然无存。

沈阳故宫一角

西路建筑与中路的东、西所皆属于沈阳故宫中的晚期建筑，是乾隆又一次大兴土木留下的成果。该建筑群位于中路的西侧，包括文化娱乐性质的斋堂殿阁160余间。

西路布局始建于1781年，兴建速度极快，至1783年，就全部建成。整个西路组群分为两大部分，一个是由嘉荫堂、戏台、扮戏房、转角房组成的观演部分；一个是由文溯阁、仰熙斋、碑亭和九间殿等组成的书院部分。两部分南北并置，中间有一条路与中路西所相连。

阅读链接

沈阳故宫自1625年创建，作为清政权初建时的皇宫和定都北京后的陪都宫殿，使用287年，它不仅是清王朝历史的真实见证，而且也是中华民族优秀的建筑文化遗存。

新中国成立后，沈阳故宫受到了重点保护，1955年，成立了沈阳故宫博物馆。1961年，中华人民共和国国务院将沈阳故宫列为全国重点文物保护单位。1986年，沈阳故宫博物馆改名为沈阳故宫博物院。2004年7月1日，联合国教科文组织第二十八届世界遗产委员会批准了我国的沈阳故宫作为明清皇宫文化遗产扩展项目列入《世界遗产名录》。